JN232508

アメリカ企業の
ヒューマン・リソース・マネジメント

伊藤 健市・田中 和雄・中川 誠士　編著

税務経理協会

#　はしがき

　近年，わが国の企業では，「人事管理」にかえて「人的資源管理」という名称で管理実践が行われている例を多く見るようになった。実務界のみならず学界においても同様に，従来の「人事管理」の領域の問題を「人的資源管理」の問題として議論する傾向がある。こうしたことは，わが国だけのことではなく，イギリスをはじめとするヨーロッパ諸国やアジアの工業諸国に共通して見られることのようである。

　もとより，「人的資源管理」とは，1970年代後半以降に，アメリカ合衆国において概念が確立され，管理制度として体系化された Human Resource Management（以下ＨＲＭ）のわが国で一般的に用いられている名称である。アメリカにおいてＨＲＭは，1980年代に入り，従来の「人事管理」（Personnel Management）にかわり当該領域を代表する名称として実務界ならびに学界において一般化されるに至っている。したがって，前述のようなわが国や諸外国の傾向はむしろ当然のことのように受けとめることもできよう。

　しかし，それにもかかわらず，わが国や諸外国の傾向を，ただちにアメリカの傾向と同一のこととして理解することはできない。むしろ，ＨＲＭは，アメリカにおいて成立し，実施が開始されたという事実や，とりわけ Personnel Management からＨＲＭへの展開をうながす要因やそれらの制度上の相違，1980年代成立時の人間を社会的資産とみるＨＲＭから1990年代以降の経営戦略や個別的従業員関係を重視するＨＲＭへの展開などが検討されることにより，こうした傾向のアメリカに固有な側面の存在が解明される必要があることに注意しなければならない。こうしたことの検討により，わが国の企業の「人事管理」から「人的資源管理」への展開の意味が理解されうるのではないかと考えている。

　1980年代まで，日本企業の雇用慣行の特徴として，ことに欧米の企業の雇用慣行との比較において，終身雇用制と年功制，それを前提として実施される人

事管理や企業内教育訓練が日本企業の高い業績の一因であり，日本企業の国際競争力上の重要な要因であると考えられていた。同時期，アメリカの企業は不況下，リストラクチャリング（事業の再構築）に本格的に取り組み，競争相手の日本企業からもその経営制度や雇用慣行など多くを学び，吸収していた。その成果の一部が1980年代のＨＲＭには反映されていると考えられている。ところが，わが国の企業は，1990年代からの長期構造不況に入り，終身雇用制や年功制に基づく人事管理を維持できず，現在，それにかわる制度を「雇用流動化・雇用形態の多様化」や「能力主義化・成果主義化」の方向で模索しているところである。注意しなければならないのは，そうした方向のモデルが1990年以降のアメリカ企業のＨＲＭであるといわれていることである。

しかし，ＨＲＭは，アメリカ産業界に固有な要因やアメリカ産業界で試行錯誤を繰り返してきた諸実践と緊密に関連しており，それゆえＨＲＭは，アメリカ産業界に固有な内容を有していると考えざるをえず，したがって，わが国の企業が現在すすめている人事革新の有効なモデルたりうるのであろうか，という疑問は残されている。それゆえ，そうした疑問にこたえるためには何よりもまず，アメリカ企業で現在，実施されているＨＲＭを取り上げ，その成立の経緯や制度などを検討し，評価することが何よりも必要なのではないかと考えた。本書の書名には，わが国で一般的に用いられている「人的資源管理」を用いず，あえて『アメリカ企業のヒューマン・リソース・マネジメント』としたことにも，こうした問題意識が反映されている。

本書は，以上のような問題意識に基づき，現代のアメリカを代表する企業を取り上げ，そのＨＲＭの諸相を分析している。以下，簡単に各章の内容を紹介しておきたい。

第1章「ヒューマン・リソース・マネジメントの特質と体系」では，本書の研究の対象とするＨＲＭについて基本的な考え方が述べられている。そこでは，従来の Personnel Management と比較した場合，ＨＲＭはその特質として，人間を開発可能な資源あるいは社会的資産と見る人間観を基盤としていること，経営戦略との関係が重視されていること，組織構造や職務構造が設計される方

法に注意をはらっていること，システム論の影響のもとに成立していること，その対象が企業の全構成員におよぶこと，組織文化の問題を取り上げていること，労使関係にかえて従業員関係を重視していることの7点が指摘されている。その体系については，経営戦略と組織構造，ヒューマン・リソース・プランニング，募集と選考，業績管理，報酬管理，教育訓練と能力開発，組織文化，従業員関係という8つの管理制度が取り上げられている。

　第2章「**1990年代におけるアメリカの雇用動向**」は，本書の各章に関係すると思われる1990年代のアメリカにおける雇用動向の変化を，アメリカ労働省労働統計局の調査資料を中心に明らかにしている。具体的には，性別・雇用形態別の雇用者数の推移，産業別雇用者数の推移，職種別雇用者数の推移，ダウンサイジングと失業者の推移，非典型労働者の動向といった内容である。

　第3章「**コンピテンシー・ベースド・マネジメント**」では，一般に「高業績者の行動特性」として理解されている「コンピテンシー」に基づくコンピテンシー・ベースド・マネジメントのHRMシステムでの活用について述べている。そこでは，HRMシステムのうち，選考，教育訓練・能力開発，業績評価，後継者育成計画でコンピテンシー・ベースド・マネジメントが活用される場合の要件や方法などが示されている。また，コンピテンシー・ベースド・マネジメントの特質として2点を指摘している。第1点は，コンピテンシーが，1980年代における細分化した職務のもつ問題の顕在化とそれへの対応に関係していることである。第2点は，コンピテンシーが，1970年代よりわが国で普及している「職能資格制度」にきわめて類似していることである。本章では，両者の相違する点について指摘している。

　第4章「**教育訓練とヒューマン・リソース・マネジメント**」は，アメリカ企業のHRMにとって最重要な課題である教育訓練の新たな動向を取り上げている。その大きな流れは，エンプロイヤビリティ（雇用されうる能力）という概念の登場に示されるが，この章では教育訓練費の削減・変動費化という観点から考察している。具体的には，教育訓練をより効率的に提供する方法，教育訓練費を従業員に転嫁する方法，教育訓練費の費目変更による削減，派遣社員の活

用といった諸点を取り上げている。また，eラーニングの活用や教育訓練の連携化・協同化・共有化の試みも教育訓練費の削減・変動費化という観点からとらえた。そして最後に，コンピテンシー・モデルの活用によって教育訓練費の削減・変動費化を達成した事例として，アメリカン・エキスプレス社を取り上げている。この事例は，今後主要な動向となるであろう教育訓練の個別化という方向を指し示す先駆的な事例でもある。

　第5章「ＡＴ＆Ｔのリストラクチャリングとヒューマン・リソース・マネジメント」では，1984年企業分割後のＡＴ＆ＴのリストラクチャリングがＨＲＭや雇用システムさらに内部労働市場に与えた影響について検討している。1984年企業分割以降に合併・買収・事業分割（M&A&D：mergers, acquistions & divestitures）を梃子にリストラを展開したＡＴ＆Ｔは，最終的には1世紀前の「一長距離通信会社」へと回帰することとなった。このリストラクチャリングの結果，ＡＴ＆Ｔ従業員数は分割以前（ベル・システム）の約100万人から2000年の4分割計画までに10分の1以下の約8万人にダウンサイジングした。しかも，規制緩和と情報技術（ＩＴ）革新という通信の環境変化に対応した「情報通信のグローバルネットワーク企業」，さらにはＣＡＴＶインフラを中核とする「あらゆる距離の会社」というＡＴ＆Ｔの経営ビジョンは，自主管理チームの導入など「参加型」のＨＲＭへの転換を進めるものであったが，急激なリストラクチャリングとダウンサイジングの展開は「規制下の独占」のもとで醸成されたＡＴ＆Ｔの伝統的な「長期雇用」・「雇用の安定」を前提にした教育訓練・内部昇進による内部労働市場を「動揺」させ，従業員の質と士気を急速に低下させたことが述べられている。

　第6章「3Ｍのリーダーシップ・コンピテンシー・モデル」では，ＨＲＭが企業の全構成員とりわけエグゼクティブ・レベルをも対象としているとするＨＲＭの特質についての例証を示している。この特質は，教育訓練・能力開発の問題に典型的に見ることができるが，さらにエグゼクティブの能力を客観化・標準化し，それを業績評価や後継者育成計画に利用するコンピテンシー・ベースド・マネジメントにおいて顕著に見られるようになる。本章では，そうした

ことの事例として，3Mにおけるリーダーシップ・コンピテンシー・モデルを取り上げ，その成立の過程，その内容，そのアプリケーションについて検討している。とりわけ，現代の人事管理の原基形態であるテイラー・システムが労働者の労働を客観化・標準化することにより労働に対する管理統制を可能としたことと対比して論じられている。

第7章「サウスウエスト航空の企業文化とヒューマン・リソース・マネジメント」は，熾烈な競争と不安定な経営環境に特徴づけられる航空業界においてひとり勝ちを続けているサウスウエスト航空を取り上げ，その成功の秘密としてのユニークな企業文化に焦点を合わせている。ただし，ユニークな企業文化と高い業績との間のダイレクトな関係を示す事例として同社が取り上げられているわけではない。そこで強調されていることは，いかなる企業文化であれ他社が模倣できないような卓越した経営戦略と業務活動の実現に貢献する限りにおいてはじめて競争優位の源泉になりうるということであり，企業文化を単なる理念に終わらせず日々の業務実践として具現化させるためにはHRMによる一人ひとりのあるいは集団としての従業員に対する「しつこい」ほどの働きかけが不可欠であるということである。いいかえれば，経営戦略，業務活動，企業文化，HRMの間にアラインメント（整合，連携）が達成される限りにおいて，企業文化は競争優位の源泉たりうることを示す事例として，ここではサウスウエスト航空が検討されている。

第8章「フォード社の従業員参加」は，「フォード社の従業員参加」（以下，EI）の分析，そしてHRMという観点から見たEIの意義を明らかにすることを課題としている。EIは，QWLや品質の改善を主たる目的として導入された。その活動内容は基本的にわが国の小集団活動と同じものと考えてよいが，バリエーションは広がりつつある。労使共同による運営形態をとっていること，それゆえ，労働組合への配慮が多々なされていることがEIの特徴といえる。経営側，組合側双方がEIの成果を評価しており，一般従業員の多くもEIを肯定的に捉えている。その一方で，先に見た組合への配慮ゆえに，EI活動はさまざまな制約を受けざるをえないという側面もある。フォード社のHRMと

いう視点に立てば，労使協力体制確立の大きな契機となったという事実にＥＩの有する意義を見いだせる。この労使協力体制を維持・発展させることでフォード社は1990年代を通じ，きわめて安定した経営を展開できたことが指摘されている。

第9章「ＧＭにおけるヒューマン・リソース・マネジメントの系譜」は，ＧＭ（General Motors，以下ＧＭ）を対象とし，1970年代初頭のＱＷＬ（Quality of Working Life：労働生活の質の向上）プログラムから，1980年代に操業を開始したNUMMI（New United Motor Manufacturing Inc.），サターン（Saturn）までを早足で振り返っている。そもそもＱＷＬには，1930年代からアメリカ産業社会の基調を成したニューディール型労使関係の硬直性を職場レベルで変革しようとする経営側の意図が込められていたように思われる。ＱＷＬは，労使の敵対的関係の克服，労働者参加の促進，労働力利用のフレキシブル化といった，ＮＵＭＭＩやサターンにも通底するＨＲＭ的特徴をもち合わせていたのである。本章でとりあげたＮＵＭＭＩとサターンは，前者がトヨタとの合弁，後者がＧＭの子会社という点からすれば，ＧＭにとってはあくまで傍流的存在でしかなかったかもしれない。しかしだからこそ両工場は，ＧＭをはじめとするアメリカの自動車産業，ひいてはアメリカの労使関係全体の行路をリードしてきたと考えられる。

第10章「ニューコア社の労使関係とヒューマン・リソース・マネジメント」は，不振にあえぐアメリカ鉄鋼業界にあって，躍進を続けているニューコア社の発展の足跡を簡単に辿るとともに，同社の労使関係・ＨＲＭのおもな内容と特徴について紹介した。ニューコア社の急成長をもたらした直接の契機は新技術（＝薄スラブ連続鋳造機）を世界に先駆けて実用化したことに求められるが，同社独特の労使関係・ＨＲＭもその一因をなしたと考えられる。ニューコア社にあっては労使間のコミュニケーションを緊密に保つことが何よりも重視され，これと関連して，苦情処理も非公式なかたちで行われる場合が多い。また，人物評価を重視しつつ行われる従業員の雇用や作業システムと一体化した賃金支給システムは，従業員のインセンティブを高めるのに大いに効果を発揮してき

はしがき

たといわれている。そして，同社のこのような考え方や手法は，労働組合を一貫して認めてこなかったことを基礎にし，これと密接な関係をもって形成されたことが指摘されている。

第11章「人材ビジネスの新展開」は，アメリカのベンチャー企業を中心に，「共同雇用」をその最大の特徴とする新たな人材ビジネスであるＰＥＯｓ（Professional Employer Organizations）を取り上げている。ＰＥＯｓは，1990年代アメリカ経済の躍進をある意味では支えた人材ビジネス（具体的には，労働者派遣事業，職業紹介事業，エグゼクティブ・サーチ事業，アウトプレースメント事業など）の一環として登場したものであるが，この「共同雇用」という特徴づけに端的に表されているように，他の人材ビジネスとはその趣を異にしている。本章では，第２章で取り上げた非典型労働者を取り巻く問題を一定解決する方途として登場したＰＥＯｓが，今後の労働力流動化策の進展のなかで，かえって労働者にとってはその権利侵害ともなる問題を生じさせる可能性をもつものであることを指摘している。

以上の各章は，限られた紙幅のなかで，アメリカ企業のヒューマン・リソース・マネジメントの諸相を可能な限り最新の資料に基づき分析している。これらの分析により，読者がアメリカ企業のヒューマン・リソース・マネジメントに重層的・多角的に接近することのみならず，わが国の企業で展開されている雇用・労働システムの新動向についても深い関心をよせる一助となれば，執筆者一同これにまさる喜びはない。

本書に先立ち，執筆者らは，「ヒューマン・リソース・マネジメント」についての理解を深めるための共同研究を行い，その成果の一部として，E. McKenna and N. Beech, *The Essence of Human Resource Management* (Prentice Hall, 1995) を訳出し，『ヒューマン・リソース・マネジメント－経営戦略・企業文化・組織構造からのアプローチ－』（税務経理協会，2000年）として刊行することができた。そこでは，副題としている「経営戦略・企業文化・組織構造」という観点からヒューマン・リソース・マネジメントを理論的に解明すると同時に，数多くのケース・スタディーを利用しながら，ヒューマン・リソース・

マネジメントの実態に迫っている。まさに，理論と実践の両側面からＨＲＭのもつ特徴とそれがもたらす影響を分析し，批判している。本書『アメリカ企業のヒューマン・リソース・マネジメント』とあわせて読まれることを望みたい。

　末尾ながら，税務経理協会社長大坪嘉春氏には，出版事情の困難な折にもかかわらず，前書につづき本書の出版を快くお引き受けいただいたことに厚く御礼申し上げたい。書籍編集部の峯村英治氏と岩渕正美さんには，企画の段階から編集・校正に至るまで再びお世話になった。感謝の意を表するとともに，本書の出版事業にご尽力いただいた多くの方々にもあわせて御礼申しあげる次第である。

2002年3月

伊藤　健市
田中　和雄
中川　誠士

執筆者一覧（執筆順）

田中　和雄（たなか　かずお）　専修大学商学部教授　　　　　編者
　　　　　　　　　　　　　　　　　　　　　　　　　第1章・第3章・第6章
　　　　　E-mail　k-tanaka@isc.senshu-cu.ac.jp

伊藤　健市（いとう　けんいち）　関西大学商学部教授　　　　　編者
　　　　　　　　　　　　　　　　　　　　　　　　　第2章・第4章・第11章
　　　　　E-mail　t980025@ipcku.kansai-u.ac.jp

宮崎　信二（みやざき　しんじ）　名城大学経営学部教授　　　　　　　　第5章
　　　　　E-mail　smorita@ccmfs.meijo-u.ac.jp

中川　誠士（なかがわ　せいし）　福岡大学商学部教授　　　　　編者　　第7章
　　　　　E-mail　nakagawa@fukuoka-u.ac.jp

橋場　俊展（はしば　としのぶ）　北海学園北見大学商学部専任講師　　　第8章
　　　　　E-mail　hashiba@hokkai-k-u.ac.jp

今村　寛治（いまむら　かんじ）　熊本学園大学商学部教授　　　　　　　第9章
　　　　　E-mail　imamura@kumagaku.ac.jp

黒川　博（くろかわ　ひろし）　岐阜経済大学経営学部教授　　　　　　第10章
　　　　　E-mail　kurokawa@gifu-keizai.ac.jp

目　　次

はしがき

第1章　ヒューマン・リソース・マネジメントの特質と体系

1　HRMの成立と特質 …………………………………………………3
　(1)　HRMの成立…………………………………………………………3
　(2)　HRMの特質…………………………………………………………4
2　HRMの2種類のモデル …………………………………………6
　(1)　ハーヴァード・モデル……………………………………………6
　(2)　ミシガン・モデル…………………………………………………7
3　HRMの体系…………………………………………………………8
　(1)　経営戦略と組織構造………………………………………………8
　(2)　ヒューマン・リソース・プランニング…………………………10
　(3)　募集と選考…………………………………………………………12
　(4)　業績管理……………………………………………………………13
　(5)　報酬管理……………………………………………………………15
　(6)　教育訓練と能力開発………………………………………………17
　(7)　組織文化……………………………………………………………18
　(8)　従業員関係…………………………………………………………20

第2章 1990年代におけるアメリカの雇用動向

1 雇用者数全体の推移 …………………………………………23
2 産業別雇用者数の推移 ………………………………………28
3 企業規模別雇用者数の推移 …………………………………37
4 職種別雇用者数の推移 ………………………………………40
5 ダウンサイジングと失業者の推移 …………………………44
6 非典型労働者の動向 …………………………………………48

第3章 コンピテンシー・ベースド・マネジメント

1 コンピテンシー概念の成立 …………………………………57
 (1) コンピテンシー概念と動機づけ理論 ……………………57
 (2) コンピテンシー・モデル …………………………………58
2 コンピテンシー・ベースド・マネジメントと
  HRMシステム ………………………………………………59
 (1) コンピテンシー・モデルとHRMシステム ……………59
 (2) コンピテンシーに基づく選考システムの実施 …………60
 (3) コンピテンシーに基づく教育訓練・能力開発システムの実施 ………63
 (4) コンピテンシーに基づく評価システムの実施 …………65
 (5) コンピテンシーに基づく後継者育成計画システムの実施 ………67
3 コンピテンシー・ベースド・マネジメントの特質 ………69
 (1) 職務細分化とコンピテンシー ……………………………69
 (2) 「職能資格制度」とコンピテンシー ………………………70

目　次

第4章　教育訓練とヒューマン・リソース・マネジメント
―アメリカン・エキスプレス社のコンピテンシー・モデル―

1　教育訓練費の動向 ··73
2　教育訓練費の削減・変動費化 ··75
　(1)　教育訓練費の削減・変動費化 ··75
　(2)　教育訓練の連携化・協同化・共有化 ····································76
3　コンピテンシー・モデルと教育訓練 ······································80
　(1)　コンピテンシー・モデルと教育訓練 ····································80
　(2)　アメリカン・エキスプレス社の教育訓練 ······························81
4　小　　　結 ···83

第5章　ＡＴ＆Ｔのリストラクチャリングとヒューマン・リソース・マネジメント

1　ＡＴ＆Ｔのリストラクチャリングの展開 ·································87
2　1984年企業分割前のＡＴ＆Ｔと「電話ファミリー」··················90
3　企業分割後のＡＴ＆Ｔの経営戦略と労使関係の変貌 ··················92
　(1)　企業分割後のＡＴ＆Ｔの経営戦略と組織構造の変化 ···············92
　(2)　企業分割後のＡＴ＆Ｔの雇用システムとＨＲＭの変化 ···········96
4　1996年3分割後のＡＴ＆Ｔのゆくえ ······································101

第6章　3Ｍのリーダーシップ・コンピテンシー・モデル

1　3Ｍの経営上の特徴とＨＲＭ原則 ···105
　(1)　イノベーション企業3Ｍ ··105
　(2)　3ＭのＨＲＭ原則 ···106

2　リーダーシップ・コンピテンシー・モデルの成立 ……………108
　　(1)　リーダーシップ・コンピテンシー・モデル開発の経緯 ………108
　　(2)　コンピテンシー・フレームワーク …………………………………110
　3　コンピテンシーの行動定義とアプリケーション ………………115
　　(1)　リーダーシップ・コンピテンシーの行動定義 …………………115
　　(2)　アプリケーション ……………………………………………………116
　4　リーダーシップ・コンピテンシー・モデルと
　　　エグゼクティブ労働 ……………………………………………………118

第7章　サウスウエスト航空の企業文化とヒューマン・リソース・マネジメント

　1　サウスウエスト航空の沿革 ……………………………………………123
　2　サウスウエスト航空の経営戦略と業務活動 ………………………126
　　(1)　ＳＷＡの経営戦略 ……………………………………………………126
　　(2)　ＳＷＡの業務活動 ……………………………………………………127
　　(3)　基本戦略と業務活動の間のアラインメントとその不十分性 …130
　3　サウスウエスト航空の企業文化 ………………………………………132
　　(1)　ＳＷＡの企業文化を構成する価値 …………………………………133
　　(2)　企業文化と業務活動のアラインメント ……………………………134
　4　サウスウエスト航空におけるＨＲＭ …………………………………134
　　(1)　募集と選考 ……………………………………………………………135
　　(2)　教育訓練 ………………………………………………………………135
　　(3)　報酬管理 ………………………………………………………………136
　　(4)　エンパワーメントの促進 ……………………………………………137
　　(5)　文化委員会 ……………………………………………………………137

目　次

第8章　フォード社の従業員参加

1　従業員参加とは何か……………………………………………143
2　ＥＩ導入の背景とその理念および構造…………………………144
　(1)　ＥＩ導入の背景………………………………………………144
　(2)　ＥＩとは………………………………………………………146
3　ＥＩの活動内容および経営上の位置づけ………………………147
　(1)　ＥＩの活動内容………………………………………………147
　(2)　ＥＩの経営上の位置づけ……………………………………148
4　ＥＩを巡る諸見解…………………………………………………150
　(1)　ＥＩを評価する見解…………………………………………150
　(2)　ＥＩを否定的に捉える見解…………………………………152
　(3)　ＥＩを巡る労使協力体制の実際……………………………153
5　小　括－ＥＩの特徴と1990年代ＨＲＭ上の意義－……………154
　(1)　ＥＩの特徴……………………………………………………154
　(2)　ＨＲＭの観点から見たＥＩの意義…………………………155

第9章　ＧＭにおけるヒューマン・リソース・マネジメントの系譜

1　ＱＷＬの出現……………………………………………………159
　(1)　ニューディール型労使関係の動揺…………………………159
　(2)　ＱＷＬプログラム……………………………………………161
2　ＮＵＭＭＩ………………………………………………………163
　(1)　日本的生産システムの受容…………………………………163
　(2)　ＮＵＭＭＩの生産システム…………………………………163
3　サターン…………………………………………………………165

(1)　サターンの誕生 ……………………………………………165
　　(2)　サターンの生産システム …………………………………166
　4　今後の動向 ……………………………………………………167

第10章　ニューコア社の労使関係とヒューマン・リソース・マネジメント

　1　急成長の軌跡 …………………………………………………172
　　(1)　ミニミル事業への参入 ……………………………………172
　　(2)　1990年代の躍進 ……………………………………………173
　2　労使関係の諸相 ………………………………………………176
　　(1)　コミュニケーション ………………………………………176
　　(2)　反組合主義 …………………………………………………177
　3　HRMの実態－雇用と賃金について－ ……………………179
　　(1)　雇　　　用 …………………………………………………179
　　(2)　作業チームと賃金 …………………………………………180

第11章　人材ビジネスの新展開―PEOsを中心に―

　1　アメリカ会計検査院報告 ……………………………………185
　2　人材ビジネスの新展開―PEOs― …………………………191
　　(1)　PEOsとは …………………………………………………192
　　(2)　PEOsのメリット …………………………………………193
　　(3)　PEOs，顧客企業，およびその顧客企業従業員の関係 …194
　　(4)　PEOsの利用者 ……………………………………………196
　3　小　　　結―PEOsの問題点― ……………………………197

アメリカ企業の
ヒューマン・リソース・マネジメント

伊藤　健市
田中　和雄　編著
中川　誠士

第1章　ヒューマン・リソース・マネジメントの特質と体系

1　HRMの成立と特質

(1)　HRMの成立

　1970年代後半以降，アメリカ合衆国において，従来の「人事管理」(Personnel Management) にかわり，「ヒューマン・リソース・マネジメント」(Human Resource Management：以下ではHRMと略記する) 概念が確立された。それは管理制度として体系化の努力が行われ，現在，アメリカの企業で広範に実施されている。

　また，わが国やイギリスにおいてもHRMについての研究・議論が活発に行われ，企業に導入・定着する例を見ることができるようになった[1]。こうしたことは，他のアジアやヨーロッパの工業諸国に同様に見られる傾向である。すなわちHRMは，今や世界的に「人事管理」にかわる新しい概念・管理制度として導入・定着がなされる傾向があるかのようである[2]。このことはHRMの一般性を意味するものと理解できよう。

　しかしそれにもかかわらず，HRMはアメリカにおいて成立し，実施が開始されたという事実を確認しておく必要がある。すなわち，HRMの成立・実施はアメリカ産業界で試行錯誤を繰り返してきた諸実践，当該分野に応用される諸科学のアメリカでの展開，日本企業の雇用・労働慣行のアメリカ企業への影響，1980年代における労使関係の変容などアメリカ産業界に特殊な要因と緊密に関連しており，それゆえHRMはアメリカ産業界に特殊な内容を有していると考えなければならない[3]。

(2) HRMの特質

　HRMを従来の人事管理と比較する場合，次のような特質が考えられる。第1に，HRMという名称に端的に見られるように，従来の人事管理が基盤としている人間を代替可能な労働力と見る人間観にかえて，人間を開発可能な資源あるいは社会的資産と見る人間観を基盤としていることにある。そうした人間観は，行動科学 (behavioral sciences) や組織行動論 (organizational behavior theory) などの諸理論，あるいはアメリカのエクセレント・カンパニーの諸実践や日本企業の雇用・労働慣行からの影響のもとに形成されたものであると考えられる。HRMにおける職務システム革新の例や，教育訓練・能力開発の重視は，こうした人間観に基づいて具体化された制度である。

　第2に，HRMでは，経営戦略との関係が重視されていることである。現代の企業における経営戦略の重要性については議論の余地は無いであろう。HRMは，そうした経営戦略と統合され，その一翼を担っており，したがって，経営戦略の実施のみならずその形成にも重要な機能を果たす職能もしくは部門と考えられるようになっている。経営戦略をHRMと統合することは，組織の成功にヒューマン・リソースが重大な貢献をしていることを示している点で意義がある。

　第3に，HRMがヒューマン・リソースの能力を最適レベルで活用するための空間と機会を提供することに大きな関心をもつことから，組織構造や職務構造が設計される方法に特別の注意を払っていることである。企業環境の変化は激しく，そうしたなかで競争優位を獲得・維持するために，組織のフレキシビリティやクリエイティビティの開発は重要な課題となるので，その責任をHRMが負うことになるのである。

　第4に，HRMがシステム論 (system theory) の影響のもとに成立しているということである。HRMは，経営戦略と統合されていることにより，企業の外部に対して，オープン・システムを形成していると考えることができる。また，企業をシステムとした場合，HRMは，そのサブシステムである。さらに，HRMは，ヒューマン・リソース・プランニング，業績管理，報酬管理，教育

第1章　ヒューマン・リソース・マネジメントの特質と体系

訓練・能力開発などの相互に補完しあうテクニックをサブシステムとする1つのシステムであると考えることができる。

　第5に，HRMの対象が労働者から経営層に至るまで，企業の全構成員に及ぶことである。従来の人事管理は，労働者を対象とし，さらに管理者の管理（managing manager）を実施していた。HRMが，経営層をも対象とするということは，そうした人事管理のいっそうの展開という性格をもつものである。この特質は，経営者の教育訓練・能力開発の問題に典型的に見ることができるが，さらに，経営者の能力を客観化・標準化し，それを後継者育成計画に利用したり，経営者の業績評価に利用するコンピテンシー・ベースド・マネジメント（competency based management）において顕著に見られるようになる。

　第6に，HRMが組織文化の問題を取り上げていることである。組織文化は，経営戦略や構造と密接に関連しており，募集，選考，評価，報酬，教育訓練・能力開発のような諸活動に影響を及ぼしている。組織文化の問題は，1980年代に日本企業の成長の秘密を解明する試みとともに争点となった。日本企業に見られるある一定の重要な価値が，組織における行動に影響を及ぼしていると考えられたためである。HRMでは，組織文化とそれを変革し管理する試みが，重要なテーマと考えられていることは，従来の人事管理には見られない特質である。

　第7に，HRMが労使関係（industrial relations）にかえて従業員関係（employee relations）を重視していることである。HRMが出現するまで，従業員関係に相当する領域は，労使関係であった。そこでは，経営者と労働組合との間で，団体交渉や労使協議制を通じて賃金や労働時間などの基本的な労働条件や作業条件を決定していた。しかし，現在の従業員関係は，労働者との直接的なコミュニケーションや個人レベルでの従業員との接触を重視し，従業員の参画（involvement）を広げ，コミュニケーションの増大，フレキシビリティ，取り上げる事項の拡大などを通して，従業員の経営参加が進むように努力している点で，これまでの労使関係とは異なっている。このことは，1980年代よりのアメリカの労働組合運動の停滞，労使関係の変容と交渉力の低下を直接反映するもので

あるが，さらに重要なのは，そうした労使関係の変容を前提として初めて，ＨＲＭの主要な命題である経営戦略との統合，ヒューマン・リソース・プランニング，組織構造のフレキシビリティ，職務再設計，組織文化の変革などの問題の実現が可能となるということである。

2 ＨＲＭの2種類のモデル

アメリカにおけるＨＲＭの展開を体系的に示しているマッケナ(E.McKenna)とビーチ (N.Beech) によれば，ＨＲＭには2種類のモデルがある。一方は「ソフト」と呼ばれ，他方は「ハード」と呼ばれている。しかし，それは一方が容易で，他方が困難であるということを意味するものではない。そのモデルは，問題解決や意思決定という脈絡で利用されているという。ソフトな問題とは，明確に定義されてはおらず，代替的な問題解決方法や潜在的な解答が予想されるものである。また，ハードな問題とは，明確な定義とそれを解決するために同意されている方法とをもち，確実な解答があるものである。

ＨＲＭにおけるソフト・アプローチは，ハーヴァード・グループにより開発されたモデルに類似するものであり，人間を社会的資産と見る人間観を基盤に展開されている。他方，ハード・アプローチは，ミシガン・グループにより開発されたモデルに類似するものであり，ＨＲＭと経営戦略との統合を重視して展開されている。

(1) ハーヴァード・モデル

1981年に，ハーヴァード・ビジネス・スクールのＭＢＡ課程に初めてＨＲＭという科目を開設したビアー (M.Beer) やスペクター (B.Spector) などハーヴァード・グループによれば，ＨＲＭとは，企業と従業員（すなわちヒューマン・リソース）との関係のあり方に影響を与える経営の意思決定や行動のすべてを統轄するものである。そこではヒューマン・リソースは社会的資産として認識されている。ビアーらはこうした認識に基づき，ＨＲＭを構成する4つの制度領

第1章　ヒューマン・リソース・マネジメントの特質と体系

域を提示している。「職務システム」(work system)，「ヒューマン・リソース・フロー」(human resource flow)，「報酬システム」(reward system)，「従業員からの影響」(employee influence) がそれである[4]。

　その特徴は，「職務システム」の制度領域に端的に見られるように，「職務システム革新」により，従来の「コントロール・モデル」に代わり「コミットメント・モデル」が展開されており，4つの制度領域が構造的に理解され，そのシステム化が図られている点にある[5]。

　たとえば，従業員の職務上の責任を拡大したり，職務内の決定に従業員を参画させることを増大したりすることを通じて従業員の企業の目標に対するコミットメントを高めていく「職務システム革新」を行おうとする場合には，雇用保障を確実にする「ヒューマン・リソース・フロー」の制度，さらには，新技能の修得を促進したり，あるいはコスト削減や利益向上が実現した場合にその成果を従業員に分配していくといった「報酬システム」からの支援が必要となる。そして，それぞれの制度領域の意思決定には，「従業員からの影響」のメカニズムが考慮されなければならない。このように，各制度領域の間には適切な一貫性または調和が保たれている必要があることが指摘されている。

(2) ミシガン・モデル

　もう1つのモデルは，経営環境の変化にフレキシブルに対応するための経営戦略の一翼を担う，戦略的HRM (Strategic Human Resource Management)として展開されている。ティチー (N.M.Tichy) らミシガン・グループによれば，戦略的HRMは，組織の存在理由と戦略，組織構造，HRMという3つの側面から把握されている。HRMは，選考，評価，報酬，開発という4つのサブ・システムからなるシステムとして捉えられている。さらに，それぞれのサブ・システムを戦略レベル，管理レベル，業務レベルから把握する。とりわけ戦略レベルから，「戦略的選考」(strategic selection)，「戦略的評価」(strategic appraisal)，「戦略的報酬」(strategic rewards)，「戦略的開発」(strategic development) を提示している[6]。

戦略的選考とは，組織の事業戦略を支援するための，内部労働市場と外部労働市場から雇用することに関するすべての活動である。戦略的評価とは，既存の従業員の潜在能力を戦略の観点から客観的に評価することであり，戦略の実施に貢献する。戦略的報酬とは，長期的な戦略目標を達成するための，内的報酬と外的報酬のシステムを構築することである。戦略的開発とは，企業が将来必要とする従業員の適切な能力を戦略の観点から教育訓練，あるいはキャリア形成を実施することである。

　ハーヴァード・グループも，HRMを戦略的な視点から捉えているとしていた。しかし，一貫してゼネラル・マネジャーの視点が強調されるにとどまり，その戦略的な展開については十分明確にされているわけではない。ティチーらの戦略的HRMにより，HRMと経営戦略との統合という概念や具体的な制度としての展開の意義が明確となった[7]。

3　HRMの体系

　マッケナとビーチによれば，アメリカにおけるHRMは，人間を開発可能な資源もしくは資産と見るソフト・アプローチと経営戦略との統合を重視するハード・アプローチとを総合して，次のような概念および方法からなる体系として展開されている。

(1)　経営戦略と組織構造[8]

　経営戦略と組織構造は相互に関連しており，ともに企業の成功にとって重要なものである。組織構造の性質を決定することは，重要な戦略的意思決定であり，そこではトップ・マネジメントの影響が重要な役割を果たしている。しかし，企業を取り巻く環境（たとえば，技術的環境，市場的環境，経済的環境，政治的環境）もまた経営戦略と組織構造の決定にきわめて重要な役割を果たしている。

　企業を取り巻く環境の変化は激しく，そのことは，企業の競争優位を獲得・維持するための大きな責任をHRMに負わすことになる。経営戦略をHRMと

統合することは，ヒューマン・リソースが組織の成功にとって重要であることを示している。その方法には次のものがある。

① 経営戦略

経営戦略は，企業を環境の変化に適応させるための戦略であり，戦略的プランニングが重視される。戦略的プランニングのプロセスには次の5つのステップがある。

a) **企業理念の定義と企業ミッションの準備** 組織の価値やその存在意義といった事柄を準備することである。

b) **環境条件の検討** 組織のミッションを遂行する能力に影響を及ぼす技術的・経済的・政治的・社会的諸力を体系的に分析することである。

c) **組織の短所と長所の評価** 組織の内部資源の基盤であり，さまざまな促進的あるいは抑制的な影響についての検討である。

d) **目標と目的の開発** 組織のミッションの実現をめざす明確な目標と目的を決定する活動である。

e) **戦略の開発** 企業はどのような方向転換を行うべきか，どのような新しい組織構造とプロセス，技術開発，財務編成，そしてヒューマン・リソース政策を採用するべきか，という戦略の開発である。

② 戦略的HRM

ミシガン・グループは，以上の経営戦略とHRMの諸問題とを関連づける戦略的アプローチの意義を強調している。この観点から，ヒューマン・リソースのテクニックを以下の3つのレベルにおいて把握している。

a) **戦略的レベル** このレベルでは，組織と外部環境との接点に焦点が当てられ，以下の諸活動が顕著な特色をもつ。① 後継者育成計画，② ヒューマン・リソース・プランニング，③ 業績管理，④ 報酬管理，⑤ 教育訓練と能力開発。

b) **管理的レベル** このレベルでは，ヒューマン・リソースの政策，実践，システムを精緻化することが重視される。

c) **業務的レベル** 財の生産あるいはサービスの提供を行う現場のレベルで

ある。ここで適切なヒューマン・リソースが運用されることになる。

③ **組織構造**

HRMは，人々の能力とスキルを最適レベルで活用するための空間と機会を提供することに大きな関心をもつことから，組織構造や職務が設計される方法に特別の注意を払う。カンター（R.M.Kanter）によれば，組織には，より迅速でより創造的な行動，利害関係者とのより密接なパートナーシップ，変化する市場やテクノロジーへのフレキシブルな対応などが求められており，次の3つの戦略が必要とされる。

a） シナジーを発見するためのリストラクチャリング　これは，全体の協働的努力によって付加された価値が諸個人の要素の総和よりも大きくなるような，効果的な組織の再編成が存在することを意味している。

b） 外部との戦略提携を形成するための境界線の開放　組織はコア活動に専念するとき，他の組織との短期的な戦略的提携から利益を得ることができる。これらの提携はさまざまな形態をとる。

c） 組織内からの新しいベンチャーの創造　イノベーションを促進する方法は，公式の開発部門に依拠する以外に，組織の構造と労働力に組み込まれているフレキシビリティを利用するプロジェクトなどがある。

(2) ヒューマン・リソース・プランニング[9]

ヒューマン・リソース・プランニングは戦略的HRMと経営戦略の相互作用によって設定されたフレームワークの一部である。伝統的なマンパワー・プランニングは，必要な従業員数などの量的側面を偏重する傾向があり，「ハード面」での問題やその解決を扱うという志向が強かった。しかし，HRMにおいては，とくにリソースとしての人間を重視している。この点で，「ハード面」での問題へのアプローチは，「ソフト面」での問題へのアプローチで補われねばならないという認識がある。この後者の面では，従業員の独創性やフレキシビリティといったことにかかわる質的な事項が取り上げられる。

ヒューマン・リソース・プランニングは，外部環境の予測的な分析と，従業員

第1章　ヒューマン・リソース・マネジメントの特質と体系

を可能な限り活用することに関連している。そして，現在の労働力ないし将来の労働力の配置に関する可能性と費用の概略を示すことで，組織の戦略に情報を提供できる。そのことにより，募集や能力開発というその後につづくHRMの諸活動に対し戦略的意思決定の含意することを前もって示すのである。

① ヒューマン・リソースに対する需要

　マンパワー・プランニングの最盛期には，統計による予測テクニックは，労働力の将来的な需要を予測する際に，変革の無い安定仮説に基づいていた。そのような方法は，将来発生するかもしれない混乱や市場の不確実性を所与とすれば，現実的ではない。HRMというフレームワークでヒューマン・リソースに対する需要を検討するときには，市場の変化の状態に注意を向ける傾向が明確にある。

　ヒューマン・リソースに対する需要は，必要なスキルという観点からの労働力構成だけでなく，組織の将来ニーズに見合うスタッフ数としても定義される。たとえば，組織行動の拡大は，最適なスキルをもつ外部スタッフの募集という結果をもたらす。他方，企業の製品需要についての下落予測から，組織はスタッフ数の削減計画を実施する場合がある。

② ヒューマン・リソースの活用

　必要なヒューマン・リソース数の確定は，従業員のスキルや能力を活用する方法を考慮せずには行えない。たとえば，製造業では，コンピュータの支援を受けた設計・生産（CAD／CAM）を導入する傾向が増加しているが，この傾向は，かつては労働集約的であったプロセスの遂行に必要とされたヒューマン・リソースを減少させている。それはまた，要求されるスキルなどの質にも影響を及ぼしている。さらに，チーム作業を活用する傾向も増大している。かつては個々の従業員が生産プロセスの一部に専門化していたのに対し，従業員は小集団として製品やサービスの生産全体に責任をもつようになる。チームとして生産プロセスを遂行するには，より幅広い仕事を行う必要があるので，スキルのレベルに影響を及ぼしている。

③ ヒューマン・リソースの供給

ヒューマン・リソースの供給は，内部調達と外部調達からなる。内部調達とは，必要とするヒューマン・リソースを企業の内部から調達することである。その場合，年齢，学歴，資格，経験，スキルなど内部調達者のおもな特質が全社に照会される。外部調達は，調達の逼迫度，人口統計上の諸要因，社会的・地理的要因，求められる従業員のタイプを考慮して行われる。

(3) 募集と選考[10]

募集と選考は，組織と労働力の外部供給源とを結びつけることを意図している。募集は，一群の候補者を欠員となっている職位に引きつけるプロセスで，選考は組織の新メンバーを採用可能な候補者から選ぶテクニックである。

組織外からの募集には利点がある。組織外の候補者のスキルを利用することで，組織の運営に新しい考えを注入する機会を提供することができるからである。募集と選考のプロセスは他のシステムと相互に作用しあっている。両者は，とくに，ヒューマン・リソース・プランニングの遂行プロセスの一部を形成し，組織の教育訓練と能力開発に関する情報を提供する。

① 募集と選考の前提要件

募集と選考は，それに先立ち以下の活動が前提となる。

a) **職務分析** 職務分析は，職務記述書と職務明細書を作成する際の基本的な情報（遂行される業務と業績達成に必要なスキルと特性など）を提供する。

b) **職務記述書** その内容は，職務の概要と職責，そして職務要件からなる。募集・選考から給与の決定や教育訓練にまで及ぶ諸施策の基本原理である。

c) **職務明細書** 職務記述書に基づき，職務に必要な候補者の特性（教育程度・資格・知的能力・コミュニケーション能力など）を規定している。

② 募集の方法

a) **応募者を引きつける方法** 職務記述書と職務明細書により得られた情報は，当該職位の求人広告などに使われる。

b) **募集情報** 職業安定所，求人仲介業者，教育機関，新聞などでの求人広告，

インターネットなどに募集情報を提供する。
c) **最終選抜者名簿への記載** 募集プロセスの最後は，職務明細書のプロフィールと一致した経歴と能力をもつ候補者が記載される最終選抜者名簿を作成することである。

③ **選考の方法**
a) **面接** 対面式あるいは面接者グループによる面接は，もっとも一般的な選考テクニックと考えられている。
b) **心理学的検査** 選考目的のために使われる心理学的検査は，知能検査と性格検査である。選考のプロセスで，これらの検査の結果を考慮することは，職務における将来の業績を予測する際に有効であると考えられている。
c) **業務に準拠したテスト** 典型的な業務を行うように求められる。
d) **アセスメント・センター** 多様な選考方法を活用している。その方法には，面接や心理学的検査，ロール・プレイングなどがある。
e) **経歴書** 応募書類によって，年齢，学歴，経歴，現在と過去の雇用に関連する個人情報を得ることが期待できる。
f) **身元保証書** 身元保証人の機能の1つは，候補者が提供した情報の正確さを確認することであり，もう1つは人物証明書を提供することにある。

(4) **業 績 管 理**[11]
従業員の業績に対する判断は，非公式・公式の違いはあるものの，高い頻度で行われている。非公式システムのもとで，上司は部下の業績に対し主観的な判断を継続してくだしている。対照的に，公式の評価テクニックに従えば，その判断は客観的であるとみなされる。公式のシステムでは，「業績評価」と「業績管理」という用語が適用される。どちらも，マネジャーとその部下が達成されるべきことについての理解をいかに共有するかに関係している。マネジャーは，当然のこととして，長期・短期にかかわらず，部下に対する管理と能力開発がどのような業績に結果するかということに関心をもつ。その際，業績は後述のテクニックを利用して測定され，目標や計画と関連づけられる。こうして，

部下は能力向上に関するフィードバックを受けることになる。

　① 業績評価テクニック

　従業員の業績を評価する際には，一般に以下のテクニックが利用されている。

a）　**文書での報告書**　評価者による被評価者の長所，短所，業績，潜在能力，改善に対する示唆などの説明。

b）　**クリティカル・インシデント**　特定の業績との関連で，経験した困難な出来事やそれに対する有効な対応などの総合的な検討。

c）　**図式評価尺度**　もっとも一般的な評価方法，定量分析やデータの比較に役立つ。仕事の質，技術に関する知識，協調性などの業績要因を１〜５の尺度に基づいて評価する。

d）　**他者との比較**　他者と比較して業績を査定する相対評価である。個人ランキング法，グループ・ランキング法，ペア比較法がある。

e）　**多人数評価者による比較評価**　評価プロセスは，面接，精神測定検査，関連する仕事のシミュレーション，同僚の評価，経験豊富な考課者による評価からなる。

f）　**目標管理**　設定された目標の達成に必要な支援や教育訓練が実施される。期末に業績の評価がなされ，新しい目標が設定される。

g）　**自己評価**　出勤（率），生産性，品質，チームワークなどの基準に対して自分自身を評価し，評価用紙に記載する。

　② 業績評価の２つの立場

　１つは被評価者に対して判定をくだし，賃金などの外的報酬の配分と関連させる査定型。もう１つは将来の業績に焦点をあてて，被評価者の潜在能力を確認し，開発しようというもので，キャリア・プランニングや後継経営者の育成と結びつけられる能力開発型である。これら２つの業績評価の立場は，フィードバックの必要性を強調しており，そこには将来の自己啓発を指摘することの重要性が視野に入れられている。

(5) 報酬管理[12]

　従業員の貢献を獲得し，高レベルの業績を維持するためには，従業員のモチベーションとコミットメントを増大させることが必要となる。報酬管理は，組織目標と個人目標との一致をもたらすことを目的としている。

　ＨＲＭにおける報酬管理は，賃金や利潤分配制のような金銭的報酬に関係する外的モチベーションに限定されない。それは，職務の多様性，スキルを獲得する機会とキャリア開発，そして意思決定プロセスにより多くの影響力を行使することを求める従業員の心理的欲求を満足させる非金銭的報酬にも関係する。非金銭的報酬は内的モチベーションとみなされる。

① 報酬の決定方法

　伝統的に，報酬システムは団体交渉によって決定されてきた。賃金決定にこのアプローチをとる場合には，「職務評価」が利用される。職務評価は，さまざまな職務間の相対的関係を決定し，各職務に対応する賃金レートの体系的な構造を設定する。職務評価には，職務の要求する教育水準やスキル・レベルなど多様な要素を評価する要素比較法，点数法などがあるが，最近では，単一要素のみ評価する「コンピタンスとスキル分析」法が，管理階層の簡略化や組織構造のフラット化という条件に適合するものとして利用されている。

② 報酬システムの種類

　ＨＲＭにおける報酬管理のうち外的モチベーションとしては次の制度がある。

a） **時間賃率**　労働時間数を基準とする。団体交渉において一般的である。

b） **成果給**　給与を個人の生産量に結びつける。その先駆的存在は出来高給制度である。

c） **業績連動型給与**　成果あるいは生産量だけではなく，獲得した知識や能力など職務における実際の行動を業績として考慮に入れる。

d） **集団的な業績連動型給与**　予算目標や組織の収益性を満足させる結果と報酬とを結びつける。報酬の個人主義的な性格を排除し，協力的な労働様式の形成に寄与する。

e） **能力給**　上述の制度は，生産の量や質，あるいは利益のような，活動の

「アウトプット」面に着目しているのと対照的に，この制度は活動に必要な知識，スキル，コンピテンシーなど「インプット」面を強調する。能力給は，目標達成という視点からみて組織に利益を与えながらも個人を尊重する報酬制度である。それはヒューマン・リソースに投資するというHRMの目的と一致している。

f） **カフェテリア・プランあるいはフレキシブル・ベネフィット制度** 従業員は，生命保険や医療費の補助など多くのベネフィットのメニューのなかから，自らにとって重要であり，受ける資格が与えられているものを選択する。アメリカでの医療費の企業に対する負担増は，フレキシブルな報酬を検討する動機を企業に与えている。

③ 動機づけ理論

報酬制度の設計には，動機づけ理論が貢献している。動機づけ理論は，組織においてどのような要因が人々を動機づけるかについての心理学的な説明を行っている。

a） **経済人仮説** テイラー（F.W.Taylor）の科学的管理法に採用されている仮説である。人々は私欲によって動機づけられ，彼らの所得を最大化するために努力すると考えられている。

b） **人間関係論** メイヨー（G.E.Mayo）とレスリスバーガー（F.J.Roethlisberger）により提唱された人間観である。モラールと生産性に貢献する動機づけ要因として，仕事上での承認と社会関係の重要性が強調されている。

c） **欲求理論** マズロー（A.H.Maslow）やハーズバーグ（F.Herzberg）に代表される理論である。前者は，人間の欲求を，5つの欲求からなる階層構造として捉え，より高次の欲求を満足させることを動機づけられるとしている。後者は，職務満足の要因を経営方針や管理のような改善しても不満のレベルを低下させるにとどまる「衛生要因」と，やりがいのある職務，達成感のような職務満足を直接もたらす「動機づけ要因」とからなることを発見した。

d） **期待理論** ローラー（E.E.Lawler）やヴルーム（V.Vroom）などにより提唱された期待と努力との関係を示す理論である。たとえば，報酬について満

足すべき水準を期待でき,それが実際に実現するならば,生産的努力が継続されるとしている。

e) **公平理論** 教育,経験,スキルというインプットと,給与,フリンジ・ベネフィットというアウトプットとの2つの変数の比較により認識される公平性が行動に影響を及ぼすとするアダムス(J.S. Adams)により提唱された理論である。

f) **目標設定理論** 明確な目標が設定され,さらにその設定に参加できる場合,動機づけられるとするラーソン(E.W. Larson)などにより提唱された理論である。

(6) 教育訓練と能力開発[13]

現在では,教育訓練と能力開発はHRMを媒介として,経営戦略と統合している。従業員の教育訓練と能力開発は,単なるオプションではなく,HRMの実践の本質的な部分であり,従業員に対する投資として選択すべきものである。

従来,教育訓練とは,能力開発よりも即時的で,管理職に就いていない従業員の職務に関する知識やスキルを改善することに関連するものであり,対照的に,能力開発はマネジャーを対象とする活動であり,創造性や構想力などの資質を開発することであると考えられてきた。しかし,現在では,全従業員に能力開発が必要であり,マネジャーにも業務上のスキルやコンピテンシーを改善する教育訓練が必要であると考えられている。このように,教育訓練と能力開発とは相互に関係しており,相互に補足しあっている。

経営者の能力開発は,現在のマネジャーの業績を改善すること,彼らに個人的な成長や自己啓発の機会を与えること,将来の後継経営者の育成などに関係しており,組織内での昇進経路を計画・形成するキャリア・マネジメントが広く採用されている。

管理職と被管理職双方のために実施される教育訓練と能力開発には多くの方法がある。以下は採用が可能な主なものである。

a) **デモンストレーション・コーチング・経験者による指導** OJTの一種で,

経験者のスキルを観察し，その行動を模倣し，採り入れる。経験者は，そうした活動を支援し，組織の方針や文化に関して貴重な意見を提供する。

b) **ジョブ・ローテーション，職務拡大，職務充実** 系統立てて異動させたり，職務内容を水平的にあるいは垂直的に拡大して，従業員の職務経験を豊かにする。

c) **フォーマル訓練** この方法では，ケース・スタディ，ロール・プレイング，シミュレーションやプログラム化された学習とともに講義やディスカッションが利用される。フォーマル訓練は，長期にOff-JTとして実施されることもある。

d) **自己啓発** 自己啓発では，その主導権は本来個々人にある。このアプローチは，試行錯誤とは違い，経験の体系化を伴うものであり，過去の失敗を回避することを目的としている。

e) **企業外教育訓練** 企業外での教育訓練は，自発性，問題解決，協働の精神を活用しようとするものであり，チーム・ビルディングやリーダーシップ・スキルの開発に関心をもつ組織で用いられている。

f) **教育訓練と能力開発の評価** その方法として，第1は，一定期間が経過した時点あるいは終了した時点で，アンケートを被訓練者に実施することである。第2は，終了の際にテストを実施することである。また，被訓練者がロール・プレイングを行ったり，ケース・スタディに取り組むという検査法もある。第3は，「職務行動レベル」での評価がある。これは，教育訓練の結果として行動が変化したかどうかを確認するために，被訓練者のマネジャーや教育訓練のスペシャリストが評価するものである。

(7) 組織文化[14]

シェイン（E.H.Schin）は，組織文化を，所与の集団が，その外部への適応と内部の統合という問題に対処するための基本的に前提とするパターンとして定義した。モーアヘッド（G.Moorhead）とグリフィン（R.W.Griffin）による定義では，組織文化とは，人が組織においてその行動を容認されるか否か認識する

際，それを支援する組織内で一般的に是認されている一連の価値である。

組織文化の問題は，1980年代に日本企業の成長の秘密を解明する試みとともに争点となった。社会的結束，年長者への敬意，すぐれた労働倫理のような日本企業に見られるある一定の重要な価値が，組織における行動に影響を及ぼしていると考えられたためである。

組織文化をアメリカの超優良企業の業績との関連で指摘したのは，ピーターズ（T.Peters）とウォーターマン（R. Waterman）である。彼らは，その基本的なものとして，行動志向的で明確な管理，顧客ニーズの確認と対応，自主性と企業家精神の奨励，従業員の企業管理への参画，熟知している領域への組織活動の集中と未知の領域への多角化の回避，複雑な階層制機構の回避，中央集権化と作業集団の自律性との統合をあげている。さらに，HRMの「ソフト」な特徴，すなわち，スタッフ（staff），スタイル（style），システム（system），スキル（skill），価値の共有（shared values）を重要視している。この研究は，組織文化やリーダーシップを始めとするHRM全般に対する関心を必然的に高めることになった。

組織文化は，経営戦略や構造と密接に関連しており，募集，選考，評価，報酬，教育訓練・能力開発のような諸活動に影響を及ぼしている。組織文化とそれを変革し管理する試みは，HRMの重要なテーマである。

企業は，内外の諸条件の変化に応じて，その目標，構造，プロセスに多様な変革をもたらす。そのような変革は，組織文化により促進されるか，抑制される。そこで，「組織開発」などの方法により変革と組織文化との間の均衡をはかることが必要となる。

多くの企業はその存続の確保や競争優位の獲得のために，組織文化それ自体の変革が必要であることを認識するようになった。変革の必要性が確認されると，まず既存の組織文化の分析が行われ，次に，文化に関する限りで，期待される状況についての検討が必要となる。さらに，組織全体に浸透する強力なリーダーシップの必要性が指摘される場合がある。そこでは，リーダーが変革の必要性を認識し，適切な変革の動因を提起し，そして変革の促進に必要な刺激を

創り出すために変革の象徴を形成する。文化の変革と発展においては，主として従業員の価値，態度および行動を変革する試みが重視される。

(8) 従業員関係[15]

HRMが出現するまで，従業員関係に相当する領域は，労使関係と呼ばれ，経営者に代表される雇用主と労働組合に代表される労働者の相互関係と深く結びついていた。伝統的な団体交渉が賃金決定や労働条件に特化していたのに対して，HRM的アプローチは，従業員の参画を広げ，コミュニケーションの増大，フレキシビリティ，取り上げる事項の拡大などを通して，従業員の経営参加が進むように努力してきた。これは，肯定的な意味をもつと受け取られる場合もあるが，他方では，HRMというレトリックが反労働組合政策を覆い隠すために使われる場合もある。

従業員関係としては，一般に以下の方法が関与している。

a) **コミュニケーション** 良好なコミュニケーションは，意思決定プロセスへの従業員の参加を促進し，組織への個人の一体感を高め，業績の改善につながる。協議委員会，チーム・ブリーフィング，態度調査，提案制度などが主要なテクニックである。

b) **参加** マクロ・レベルでは，集団としての従業員参加は，労働組合や労働者代表との協議や交渉に関する手続きによって統制されている。ミクロ・レベルでは，個人参加の程度は，採用されたマネジメント・スタイルによって決まる。

c) **労働組合による代表** 労働者は，労働条件に関して経営側と交渉する際，一般に労働組合により代表される。経営側と労働組合との関係は，交渉か協議いずれかの特徴をもっている。しかし，1980年代における新しい労使関係のもとでは，経営側は交渉や協議を行わずに自らの意思を押し通す力をもつようになった。

d) **コンフリクト** コンフリクトは，集団レベルではストライキ，残業拒否などの争議行為として現れ，個人レベルでは無断欠勤，労働移動率の上昇，

第1章　ヒューマン・リソース・マネジメントの特質と体系

として現れる。これらは組織に損失を与える可能性があり，早い段階で解決しなければならない。

e）　**安全・衛生**　企業内の安全・衛生施策が十分に理解され，適切に運用されることによって，莫大な人的・経済的利益がもたらされるという観点から，HRMではこの問題を重視している。

（注）

1) J. Storey and K. Sisson, *Managing Human Resources and Industrial Relations*, Open University Press, 1993.
2) D. R. Briscoe, *International Human Resource Management*, Prentice-Hall, 1995. D. Torrington, *International Human Resource Management−Think Globally, Act Locally*, Prentice-Hall International, 1994.
3) S. J. Carroll and R. S. Schulen (eds.), *Human Resources Management in The 1980s*, The Bureau of National Affairs, 1983.
4) M. Beer, B. Spector, P. R. Lawrence, D. Q. Miles and R. E. Walton, *Managing Human Assets: The Groundbreaking Harvard Business School Program*, The Free Press, 1984, pp. 39-176. 梅津祐良・水谷栄二訳『ハーバードで教える人材戦略』日本生産性本部, 1990年, 69-196ページ。
5) R. E. Walton, "From control to commitment in the workplace", *Harvard Business Review*, Vol. 62, No. 2, March-April 1985, pp. 77-84.
6) N. M. Tichy, C. J. Fombrun and M. A. Devanna, "Strategic Human Resource Management", *Sloan Management Review*, 1982, No. 2, pp. 47-61. C. J. Fombrun, N. M. Tichy and M. A. Devanna, *Strategic Human Resource Management*, John Wiley, 1984.
7) W. H. Staehle, "Human Resource Management and Corporate Strategy", R. P. Pieper (ed.), *Human Resource Management : An International Comparison*, Wolter de Gruyter, 1990, pp. 33-34.
8) E. McKenna and N. Beech, *The Essence of Human Resource Management*, Prentice Hall, 1995, pp. 21-49. 伊藤健市・田中和雄監訳『ヒューマン・リソース・マネジメント』税務経理協会, 2000年, 27-60ページ。
9) *Ibid.*, pp. 78-94. 同上邦訳書, 95-114ページ。
10) *Ibid.*, pp. 95-115. 同上邦訳書, 115-140ページ。
11) *Ibid.*, pp. 116-127. 同上邦訳書, 141-154ページ。
12) *Ibid.*, pp. 128-155. 同上邦訳書, 155-188ページ。
13) *Ibid.*, pp. 156-175. 同上邦訳書, 189-212ページ。
14) *Ibid.*, pp. 50-77. 同上邦訳書, 61-93ページ。
15) *Ibid.*, pp. 176-192. 同上邦訳書, 213-232ページ。

<参考文献>
[1] E.マッケナ・N.ビーチ,伊藤健市・田中和雄監訳『ヒューマン・リソース・マネジメント』税務経理協会,2000年。
[2] M.ビアー他,梅津祐良・水谷栄一訳『ハーヴァードで教える人材戦略』日本生産性本部,1990年。
[3] ウォートン・スクール他,杉村雅人・森　正人訳『組織行動と人的資源管理』ダイヤモンド社,1999年。

(田中　和雄)

第2章 1990年代における
アメリカの雇用動向

　この章では,以下の各章に関係すると思われる1990年代の雇用動向の変化を,アメリカ労働省労働統計局 (U.S. Department of Labor, Bureau of Labor Statistics) の調査資料を中心に明らかにしておきたい[1]。

1　雇用者数全体の推移

　まず,雇用者数の推移から見てゆこう。労働統計局によれば,2000年の雇用者数は1億3,521万人であった(図表2-1)。10年ごとにその増加数・率を見てみると,1980～90年に1,949万人増 (19.6%),1990～2000年に1,641万5,000人増 (13.8%) であった。1970年を100とすると,1980年は126.2,1990年は151,2000年は175.7となっている。

　この雇用者数の増加は男女どちらがもたらしたものであったのか。1980～90年の全体の伸び率19.6%に対し,男性は13.8%,女性は27.5%であり,1990年の男女構成比は54.8対45.2と女性の占める割合がそれ以前と比べてわずかに大きくなっている。1990～2000年の全体の伸び率13.8%に対し,男性は11%,女性は17.2%であり,2000年の男女構成比は53.5対46.5と女性の占める割合がほんのわずかではあるが大きくなっている。

　この雇用増を労働力化率の観点から性別・人種別に見たのが図表2-2である。20歳以上の男性が微減しているのに対し,20歳以上の女性は微増している。1980年代から見れば,男性の場合はほとんど変化していないのに対し,女性は約10ポイント程度増加している。人種的にはそれほど大きな相違は見られない。図表2-3は,男女の労働力化率の推移をグラフ化したものである。先ほどの指摘がはっきりと現れている。

図表2－1　雇用者数の推移（単位：千人，1980～2000年）

年度	総雇用者数		
	総計	男性	女性
1980	99,303	57,186	42,117
1981	100,397	57,397	43,000
1982	99,526	56,271	43,256
1983	100,834	56,787	44,047
1984	105,005	59,091	45,915
1985	107,150	59,891	47,259
1986	109,597	60,892	48,706
1987	112,440	62,107	50,334
1988	114,968	63,273	51,696
1989	117,342	64,315	53,027
1990	118,793	65,104	53,689
1991	117,718	64,223	53,496
1992	118,492	64,440	54,052
1993	120,259	65,349	54,910
1994	123,060	65,450	56,610
1995	124,900	67,377	57,523
1996	126,708	68,207	58,501
1997	129,558	69,685	59,873
1998	131,463	70,693	60,771
1999	133,488	71,446	62,042
2000	135,208	72,293	62,915

出所）　*Report on the American Workforce, 2001.* 132－133 ページより作成。

第2章　1990年代におけるアメリカの雇用動向

図表2－2　性別・人種別労働力化率の推移（％, 1980～2000年）

年度	16歳以上の男女	20歳以上の男性	20歳以上の女性	16～19歳の男女	白人	黒人	ヒスパニック
1980	63.8	79.4	51.3	56.7	64.1	61.0	64.0
1981	63.9	79.0	52.1	55.4	64.3	60.8	64.1
1982	64.0	78.7	52.7	54.1	64.3	61.0	63.6
1983	64.0	78.5	53.1	53.5	64.3	61.5	63.8
1984	64.4	78.3	53.7	53.9	64.6	62.2	64.9
1985	64.8	78.1	54.7	54.5	65.0	62.9	64.6
1986	65.3	78.1	55.5	54.7	65.5	63.3	65.4
1987	65.6	78.0	56.2	54.7	65.8	63.8	66.4
1988	65.9	77.9	56.8	55.3	66.2	63.8	67.4
1989	66.5	78.1	57.7	55.9	66.7	64.2	67.6
1990	66.5	78.2	58.0	53.7	66.9	64.0	67.4
1991	66.2	77.7	57.9	51.6	66.6	63.3	66.5
1992	66.4	77.7	58.5	51.3	66.8	63.9	66.8
1993	66.3	77.3	58.5	51.5	66.8	63.2	66.2
1994	66.6	76.8	59.3	52.7	67.1	63.4	66.1
1995	66.6	76.7	59.4	53.5	67.1	63.7	65.8
1996	66.8	76.8	59.9	52.3	67.2	64.1	66.5
1997	67.1	77.0	60.5	51.6	67.5	64.7	67.9
1998	67.1	76.8	60.4	52.8	67.3	65.6	67.9
1999	67.1	76.7	60.7	52.0	67.3	65.8	67.7
2000	67.2	76.6	60.9	52.2	67.4	65.8	68.6

出所）*Report on the American Workforce, 2001.* 126ページより作成。

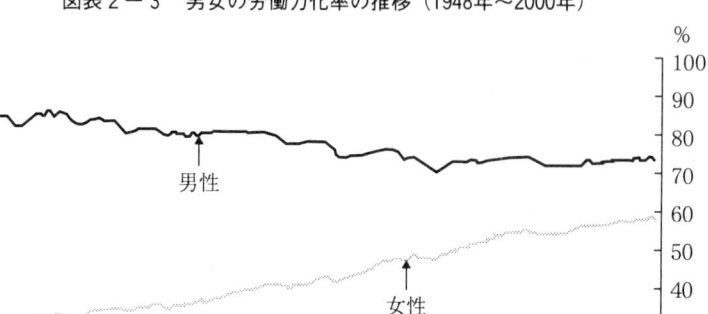

図表2－3　男女の労働力化率の推移（1948年～2000年）

出所）　J. L. Martel and D. S. Langdon, "The Job Market in 2000," *Monthly Labor Review*（Feb. 2001), p. 19.

　就業形態別に見た10年ごとの増加を図表2－4で見ておこう。1980～90年のフルタイム労働者（週労働時間35時間以上）の増加数は1,616万4,000人で，その増加率19.5％に対し，男性は13.1％，女性は30.2％の増加であり，その結果1990年の男女構成比は59.3対40.7と女性の占める割合がそれ以前と比べて大きくなっている。1990～2000年の増加数は1,362万5,000人で，その増加率13.8％に対し，男性は11％，女性は17.9％の増加であり，2000年の男女構成比は57.8対42.2と女性の占める割合がほんのわずかであるが大きくなっている。

　1980～90年のパートタイム労働者（週労働時間35時間未満）の増加数は338万8,000人で，その増加率20.2％に対し，男性は20.7％，女性は20.0％であり，1990年の男女構成比は32.7対67.3と女性の占める割合がそれ以前よりも大きくなっている。1990～2000年の増加数は278万9,000人で，その増加率13.8％に対し，男性は11.4％，女性は15.1％であり，2000年の男女構成比も32.1対67.9と女性の占める割合がほんのわずかであるが大きくなっている。

　以上の結果，雇用者数は増加しているものの，1980年代以降の10年ごとの増加数・増加率は低下していることが分かった。また，男性に比べて女性の増加

第2章 1990年代におけるアメリカの雇用動向

図表2-4　就業形態別雇用者数の推移（単位：千人，1980～2000年）

年度	フルタイム労働者			パートタイム労働者		
	総計	男性	女性	総計	男性	女性
1980	82,562	51,717	30,845	16,740	5,471	11,270
1981	83,243	51,906	31,337	17,154	5,492	11,664
1982	81,421	50,334	31,086	18,106	5,937	12,170
1983	82,322	50,643	31,679	18,511	6,145	12,367
1984	86,544	53,070	33,473	18,462	6,020	12,441
1985	88,534	53,862	34,672	18,615	6,028	12,587
1986	90,592	54,685	35,845	19,069	6,207	12,862
1987	92,957	55,746	37,210	19,483	6,360	13,124
1988	95,214	56,816	38,398	19,754	6,457	13,298
1989	97,369	57,885	39,484	19,973	6,430	13,544
1990	98,666	58,501	40,165	20,128	6,604	13,524
1991	97,190	57,407	39,783	20,528	6,815	13,713
1992	97,664	57,363	40,301	20,828	7,077	13,751
1993	99,114	58,123	40,991	21,145	7,226	13,919
1994	99,772	58,832	40,940	23,288	7,617	15,670
1995	101,679	59,936	41,743	23,220	7,441	15,779
1996	103,537	60,762	42,776	23,170	7,445	15,725
1997	106,334	62,258	44,076	23,224	7,427	15,797
1998	108,202	63,189	45,014	23,261	7,504	15,757
1999	110,302	63,930	46,372	23,186	7,516	15,670
2000	112,291	64,938	47,353	22,917	7,355	15,562

出所）*Report on the American Workforce, 2001.* 132-133ページより作成。

率の方がはるかに高く，この傾向はフルタイム労働者・パートタイム労働者のいずれにおいても現れている。この点は，先に指摘したように女性の労働力化率の向上に現れている。ただし，フルタイム労働者とパートタイム労働者をそれぞれ男女別々に考察すると興味深い傾向が見て取れる。1980年から2000年までの男性雇用者の増加率は，雇用者総数で26.4％であった。そのうち，フルタイム労働者の25.6％の増加に対し，パートタイム労働者は34.4％増加していたのである。一方，女性雇用者数の増加率は，雇用者総数で49.4％であったが，

フルタイム労働者が53.5%伸びたのに対し，パートタイム労働者は38.0%に留まっていたのである。男性ではパートタイム労働者が，女性ではフルタイム労働者の増加率の方が高かったことが分かる。では，この逆転現象ともいうべき現象はいつ起こったのであろうか。男性の場合，1970年代の平均雇用者数を基準にして，パートタイム労働者の伸びが一貫してフルタイム労働者のそれを上回っていた。一方，女性の場合，1970年代の平均雇用者数を基準にして，パートタイム労働者の伸びがフルタイム労働者のそれを上回ったのは1985年（1994・95年に再逆転）で，対前年比伸び率では1983年（1991・94年に再逆転）に起こっている。

2　産業別雇用者数の推移

次に，最近の雇用増はどの産業がもたらしたのであろうか。非農業部門だけを取り上げた図表2－5・2－6から，もっとも雇用が増え，構成比が上昇しているのがサービス生産部門，とりわけサービス産業であることが分かる。それに対し，労働者数は多いものの，製造業の比重の低下は著しい。

1980年から現在までの約20年間に，アメリカは2度の景気後退を経験している。1度目は1980～82年にかけてのもので，「ブルーカラー・リセッション」と呼ばれるように，製造業で大量のブルカラー労働者が解雇された。その最大の要因は，国際競争の波に襲われたアメリカ製造業が合理化を進めたことにあった。この当時から現在・将来的にも続くであろう製造業からサービス産業への雇用のシフトが始まったのである。2度目の景気後退は1989～92年にかけてのもので，「ホワイトカラー・リセッション」と呼ばれている。これ以降，ホワイトカラーの大量解雇が始まっている。図表2－7は，同一企業で3年以上働いていたホワイトカラーとブルカラーの解雇率を1981年から96年について比較したものである。解雇率はブルーカラーの方が高いが，1990年前後を除けばほぼ一定し，しかも若干低下しているのに対し，ホワイトカラーが一貫して，しかも1990年代以降とくに高くなっていることが分かる。

第2章　1990年代におけるアメリカの雇用動向

図表2－5　農業部門以外の産業別雇用者数（単位：千人，1980～2000年）

年度	総計	私企業全体	鉱業	建設	製造業	運輸公益	卸売業	小売業	金融・保険不動産	サービス	公務
1980	90,406	74,166	1,027	4,346	20,285	5,146	5,292	15,018	5,160	17,890	16,241
1981	91,152	75,121	1,139	4,188	20,170	5,165	5,375	15,171	5,298	18,615	16,031
1982	89,544	73,707	1,128	3,904	18,780	5,081	5,295	15,158	5,340	19,021	15,837
1983	90,152	74,282	952	3,946	18,432	4,952	5,283	15,587	5,466	19,664	15,869
1984	94,408	78,384	966	4,380	19,372	5,156	5,568	16,512	5,684	20,746	16,024
1985	97,387	80,922	927	4,668	19,248	5,233	5,727	17,315	5,948	21,927	16,394
1986	99,344	82,651	777	4,810	18,947	5,247	5,761	17,880	6,273	22,957	16,693
1987	101,958	84,948	717	4,958	18,999	5,362	5,848	18,422	6,533	24,110	17,010
1988	105,209	87,823	713	5,098	19,314	5,512	6,030	19,023	6,630	25,504	17,386
1989	107,884	90,105	692	5,171	19,391	5,614	6,187	19,475	6,668	26,907	17,779
1990	109,403	91,098	709	5,120	19,076	5,777	6,173	19,601	6,709	27,934	18,304
1991	108,249	89,847	689	4,650	18,406	5,755	6,081	19,284	6,646	28,336	18,402
1992	108,601	89,956	935	4,492	18,104	5,718	5,997	19,356	6,602	29,052	18,645
1993	110,713	91,872	610	4,668	18,075	5,811	5,981	19,773	6,757	30,197	18,841
1994	114,163	95,036	601	4,986	18,321	5,984	6,162	20,507	6,896	31,579	19,128
1995	117,191	97,885	581	5,160	18,524	6,132	6,378	21,187	6,806	33,117	19,305
1996	119,608	100,189	580	5,418	18,495	6,253	6,482	21,597	6,911	34,454	19,419
1997	122,690	103,133	596	5,691	18,675	6,408	6,648	21,966	7,109	36,040	19,557
1998	125,865	106,042	590	6,020	18,805	6,611	6,800	22,295	7,389	37,533	19,823
1999	128,916	108,709	539	6,415	18,552	6,834	6,911	22,848	7,555	39,055	20,206
2000	131,761	111,079	543	6,698	18,469	7,019	7,024	23,307	7,560	40,460	20,681

注）2000年の総計は労働統計局の数値では131,759となっているが，訂正している。
出所）*Report on the American Workforce, 2001.* 134ページより作成。

図表2－6　農業部門以外の産業別雇用者数の構成（％，1960～2000年）

	1960年	1970年	1980年	1985年	1990年	1995年	2000年
鉱　　　　　業	1.3	0.9	1.1	1.0	0.6	0.5	0.4
建　　設　　業	5.4	5.1	4.8	4.8	4.7	4.4	5.1
製　　造　　業	31.0	27.3	22.4	19.8	17.4	15.8	14.0
財 生 産 合 計	37.7	33.3	28.4	25.6	22.8	20.7	19.5
運　輸・公　益	7.4	6.4	5.7	5.4	5.3	5.2	5.3
卸　　売　　業	5.8	5.7	5.9	5.9	5.6	5.4	5.3
小　　売　　業	15.2	15.6	16.6	17.7	17.9	18.2	17.7
金融・保険・不動産	4.8	5.1	5.7	6.1	6.1	5.8	5.7
サ　ー　ビ　ス	13.6	16.3	19.8	22.5	25.5	28.3	30.7
公　　　　　務	15.4	17.7	18.0	16.8	16.7	16.5	15.7
サービス生産合計	62.3	66.7	71.6	74.4	77.2	79.3	80.5
総　　　　　計	100.0	100.0	100.0	100.0	100.0	100.0	100.0

出所）*Report on the American Workforce, 2001.* 134ページより作成。

図表2－7　ホワイトカラーとブルーカラーの解雇率の推移（1981年～1996年）

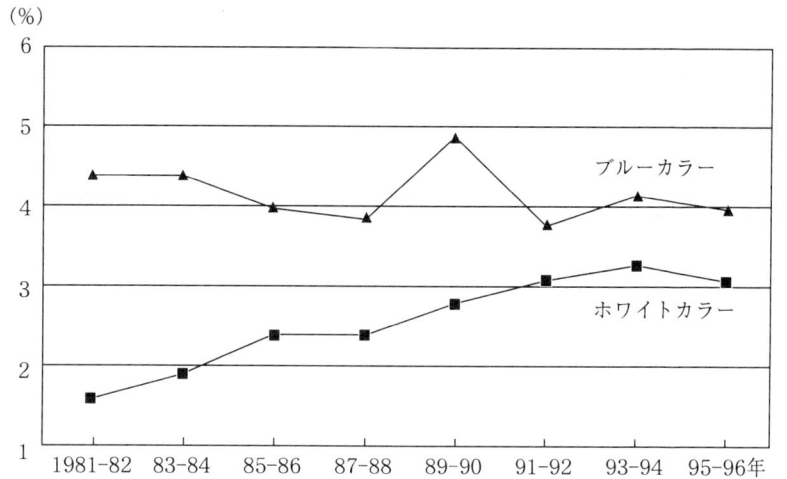

資料）Charles L. Schultze, "Has Job Security Eroded for American Worker?" M. M. Blaier and T. A. Kochan, *The New Relationship, HumanCapital in the American Corporation,* Whasington, D.C.：Brookings Institution Press, 2000, p.47.
出所）高山与志子『レイバー・デバイド』日本経済新聞社，2001年，29ページ。

以上の状況を反映して，製造業における1992年から2000年の増加数は36万5,000人に留まり，減少している鉱業を除くと最低の水準である。一方，サービス産業は1980年代から一貫して成長している。図表2―8が示すように，1983年以降の景気回復期にも，そして1992年以降の景気回復期にもサービス産業がもっとも大きく雇用増に貢献している。ただし，1990年代の方がその程度ははるかに大きい。

このサービス業のなかでの雇用者数の推移はどうであったのか。1990年代に雇用が拡大する1992年以降の状況を示す図表2―9・2―10によると，ビジネス・サービスでの伸びが著しく，1992年と2000年を対比した雇用者数ではコンピュータ・データ処理の増加率が高いが，実数では225万8,000人の人材派遣サービスがもっとも高い構成比を示している。ビジネス・サービスの次には，保健サービスの占める割合が高い。その後に社会サービス，技術・管理サービスが続いている。これらの多くは，1990年代の新たな産業分野である。

次に，将来予測を見ておこう。図表2―11は2008年の予想を示している。これまでの20年間同様，サービス産業が大きく成長することが予測される一方，製造業・鉱業といった生産財生産部門の低下も予測されている。サービス産業

図表2―8　農業部門以外の産業別雇用者数の増減（1980年～2000年）

	1980～83年の増減		1983～89年の増減		1990～92年の増減		1992～2000年の増減	
	実数(千人)	構成比(％)	実数(千人)	構成比(％)	実数(千人)	構成比(％)	実数(千人)	構成比(％)
総計	-254	100.0	17,732	100.0	-802	100.0	22,158	100.0
鉱業	-75	-29.5	-260	-1.4	-74	-9.2	-92	-0.4
建設業	-400	-157.5	1,225	6.9	-628	-78.3	2,206	10.0
製造業	1,853	-729.5	959	5.4	-972	-121.2	365	1.6
運輸・公益	-194	-76.4	662	3.7	-59	-7.4	1,301	5.9
卸売業	-9	-3.5	904	5.1	-176	-21.9	1,027	4.6
小売業	569	224.0	3,888	21.9	-245	-30.5	3,951	17.8
金融・保険・不動産	306	120.5	1,202	6.8	-107	-13.3	958	4.3
サービス	1,774	698.4	7,243	40.8	1,118	139.4	11,408	51.5
公務	-372	-146.5	1,910	10.7	341	42.5	2,036	9.2

出所）図表2―6より作成。

図表2－9　サービス産業就業者数の変化（単位：千人，1992～2000年）

	1992	1993	1994	1995	1996	1997	1998	1999	2000
サービス業全体	29,052	30,197	31,579	33,117	34,454	36,040	37,533	39,055	40,460
農業サービス	490	519	564	582	627	678	708	766	801
ホテル・他の宿泊場所	1,576	1,596	1,631	1,668	1,715	1,746	1,789	1,848	1,912
個人サービス	1,116	1,137	1,140	1,163	1,180	1,186	1,201	1,226	1,251
ビジネス・サービス	5,315	5,735	6,281	6,812	7,293	7,988	9,618	9,300	9,858
ビルサービス	805	823	857	882	907	930	950	983	994
人材派遣サービス	1,629	1,906	2,272	2,476	2,654	2,985	3,278	3,616	3,887
コンピュータ・データ処理	836	893	959	1,090	1,228	1,409	1,615	1,875	2,095
自動車修理・駐車	881	925	968	1,020	1,080	1,120	1,145	1,196	1,248
その他修理サービス	347	349	338	359	372	374	376	372	366
映　　画	401	412	441	488	525	550	576	599	594
娯楽・レクリエーション	1,188	1,258	1,334	1,417	1,476	1,552	1,594	1,651	1,728
保健サービス	8,490	8,756	8,992	9,230	9,478	9,703	9,853	9,977	10,095
医療・診察施設	1,463	1,506	1,545	1,609	1,678	1,739	1,772	1,875	1,924
看護・介護	1,533	1,585	1,649	1,691	1,730	1,756	1,806	1,786	1,796
病　　院	3,750	3,779	3,763	3,772	3,812	3,860	3,930	3,974	3,990
在宅保健	398	469	559	629	675	710	666	636	643
法務サービス	914	924	924	921	928	944	971	996	1,010
教育サービス	1,678	1,711	1,850	1,965	2,030	2,104	2,178	2,267	2,325
社会サービス	1,959	2,070	2,200	2,336	2,413	2,518	2,646	2,783	2,903
児童デイケア	451	473	515	563	565	576	621	680	712
居住看護	534	567	604	643	677	716	744	771	806
博物館他	73	76	79	80	85	90	94	99	106
会員組織	1,973	2,035	2,082	2,146	2,201	2,277	2,372	2,436	2,475
技術・管理サービス	2,741	2,521	2,579	2,731	2,844	2,988	3,139	3,256	3,419
技術・設計サービス	742	757	778	815	836	865	908	957	1,017
管理・広告宣伝	655	688	719	805	870	939	1,000	1,031	1,090

出所）　*Report on the American Workforce,2001.* 136－137ページより作成。

図表2－10　サービス産業就業者数の増減（単位：千人，1992～2000年）

	雇用者数の1992/2000比	1992～2000年の増減	
		実　　　数	構　成　比
農業サービス	163	311	2.7
ホテル・他の宿泊場所	121	336	2.9
個人サービス	112	135	1.2
ビジネス・サービス	185	4,544	39.8
ビルサービス	123	189	（ 1.7）
人材派遣サービス	239	2,258	（19.8）
コンピュータ・データ処理	251	1,259	（11.0）
自動車修理・駐車	142	367	（ 3.2）
その他修理サービス	105	19	（ 0.2）
映　　画	148	193	1.7
娯楽・レクリエーション	145	540	4.7
保健サービス	119	1,605	14.1
医療・診察施設	132	461	（ 4.0）
看護・介護	117	263	（ 2.3）
病　　院	106	240	（ 2.1）
在宅保健	162	245	（ 2.1）
法務サービス	111	96	0.8
教育サービス	139	647	5.7
社会サービス	148	944	8.3
児童デイケア	158	261	2.3
居住看護	151	272	2.4
博物館他	145	33	0.3
会員組織	125	502	4.4
技術・管理サービス	125	678	5.9
技術・設計サービス	137	275	2.4
管理・広告宣伝	166	435	3.8
サービス業全体	139	11,408	100.0

出所）　図表2－9より作成。

図表2－11　1998～2008年の産業別雇用者数増減予測（単位：千人，％）

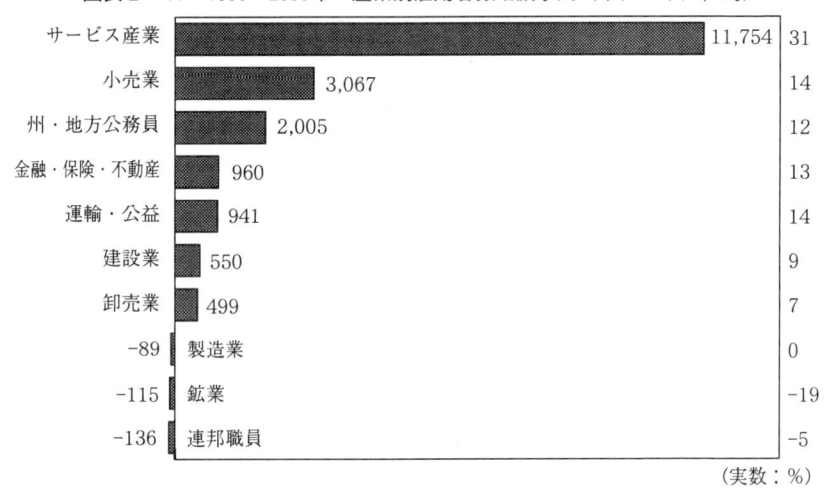

産業	実数	％
サービス産業	11,754	31
小売業	3,067	14
州・地方公務員	2,005	12
金融・保険・不動産	960	13
運輸・公益	941	14
建設業	550	9
卸売業	499	7
製造業	-89	0
鉱業	-115	-19
連邦職員	-136	-5

（実数：％）

出所）"Industry Employment," *Occupational Outlook Quarterly,* Winter 1999－2000, p.27.

図表2－12　1998～2008年のサービス産業雇用者数増減予測（単位：千人，％）

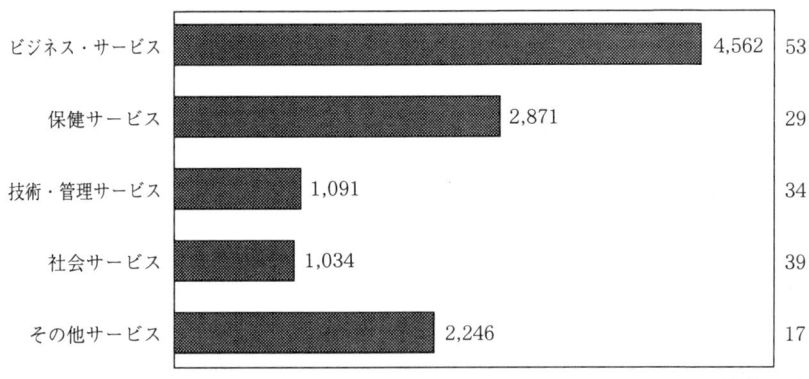

サービス	実数	％
ビジネス・サービス	4,562	53
保健サービス	2,871	29
技術・管理サービス	1,091	34
社会サービス	1,034	39
その他サービス	2,246	17

（実数：％）

出所）"Industry Employment," *Occupational Outlook Quarterly,* Winter 1999－2000, p.27.

第2章　1990年代におけるアメリカの雇用動向

のなかでは，図表2—12が示しているように，ビジネス・サービスの成長が予測され，わが国と同様高齢化社会に突入するアメリカも場合も保健サービスの伸びが予測されている。図表2—13は産業小分類によってサービス産業内での雇用増予測を見たものである。コンピュータ・データ処理の増加が実数および

図表2—13　1998〜2008年の産業小分類別雇用者数増減予測（単位：千人，％）

産業	実数	％
コンピュータ・データ処理	1,872	117
人材派遣サービス	1,393	43
飲食業	1,321	17
州・地方の政府教育	1,197	13
分類不可能な州・地方公務員	796	13
医療事務	764	41
在宅保健サービス	541	80
私的教育サービス	513	24
管理・広告宣伝サービス	466	45
看護・介護サービス	451	26
居住看護サービス	424	57
私的病院	411	10
ホテル・モーテル	311	18
社会サービス	300	32
百貨店	277	11
研究・試験サービス	247	40
電話コミュニケーション	238	24
ビル清掃サービス	237	25
技術・設計サービス	235	26
自動車修理	196	31

出所）"Industry Employment," *Occupational Outlook Quarterly,* Winter 1999—2000, p.28.

その割合でも他を圧倒している。次いで人材派遣サービスが伸びると予測されている点は興味深い。

最後に，IT革命下で「ハイテク雇用」と分類される雇用について見ておきたい。少し資料は古いが，労働統計局によると1986年から1996年までに新たに創出された約2,000万人の雇用のうち，「ハイテク雇用」に分類されるのは188万4,000人であり，全体の9.4％であった（図表2－14）。また，1996年から2006年の今後の予想も，その間約1,759万人の雇用が創出され，そのうち「ハイテク雇用」に分類されるのは516万人と予想されている。それは非農業部門のなかで29.3％を「ハイテク雇用」が占めることを予測しているのである。しかも

図表2－14　ハイテク雇用の推移（単位：千人，1986～2006年）

	雇用者数			増加数（増加割合）	
	1986	1996	2006	1986～1996	1996～2006
非農業部門雇用者数	98,727	118,731	136,318	20,004(20%)	17,587(15%)
ハイテク雇用	14,482	16,366	21,528	1,884(13%)	5,162(32%)
ハイテク産業	8,563	9,307	11,431	744(9%)	2,124(23%)
ハイテク集約産業(1)	4,433	4,549	6,055	116(3%)	1,506(33%)
その他ハイテク産業(2)	4,130	4,758	5,376	628(15%)	618(13%)
ハイテク産業からの購入で生じた非ハイテク産業で生まれた雇用	4,004	4,856	7,488	852(21%)	2,632(54%)
ハイテク産業やハイテク産業で生み出された雇用ではない技術志向型職種での雇用	1,915	2,203	2,609	288(15%)	406(18%)

注1）　ここには，産業化学，薬品，コンピュータ・事務機器，コミュニケーション機器，電子部品，航空，探査関連機器，制御機器，コンピュータ・データ加工サービス，調査・研究・試験サービスが含まれる。

注2）　ここには，プラスチック材料，家庭用洗剤，塗料，農業関連化学品，その他化学品，石油精製，軍需物資，エンジン・タービン，建設機械，特殊産業機械，一般産業機械，配電機械，電子産業機械，家庭用AV機器，輸送用機器，医療機器，写真機器，技術・設計サービス，管理・広告宣伝が含まれる。

出所）　Daniel Hecker, "High－technology Employment," *Monthly Labor Review*（June 1999）．20ページより作成。

図表2－15　ハイテク産業からの購入による雇用者数（単位：千人，1986～2006年）

	1986		1996		2006	
	雇用者数	順位	雇用者数	順位	雇用者数	順位
ハイテク産業からの購入で生じた非ハイテク産業で生まれた雇用	4,004		4,856		7,488	
卸　売　業	707	1	889	1	1,209	1
その他ビジネスサービス	157	2	246	2	440	3
人材派遣業	73	12	238	3	550	2
物流・倉庫業	138	3	192	4	309	6
プラスチック製造業	132	4	189	5	347	4
飲　食　業	109	8	186	6	319	5
金属加工業	131	5	138	7	116	13
小　売　業	62	15	129	8	176	8
産業機械	118	6	113	9	81	22
航空輸送業	45	30	88	10	161	9

注）　1996年の1位から10位まで。
出所）　Daniel Hecker, "High－technology Employment," *Monthly Labor Review* (June 1999). 21ページより作成。

　興味深いことに，ハイテクとされる産業での雇用よりも，ハイテク産業で生産された財・サービスを購入・利用することで，非ハイテク産業で生まれる雇用の方が増加数が多い（54％）ことである。そのなかで，もっとも雇用が伸びると予測されているのは卸売業（120.9万人）であるが，人材派遣業も1996年の第3位（23.8万人）から2006年には事業所サービスを抜いて第2位（55万人）になると予測されている（図表2－15）。

3　企業規模別雇用者数の推移

　最近の雇用増はどの規模の企業がもたらしたのであろうか。わが国と同様，アメリカにおいても企業数・労働者数で大きな比重を占めるのは中小企業（従業員500人未満）である。雇用に関する数値でこの点を確認しておこう。図表2－16は，1998～99年における企業規模別に見た雇用者数である。1999年の雇用

図表2－16　企業規模別の雇用者数（単位：千人・％，1998～1999年）

	総数	10人以下	10～24人	25～99人	100～499人	500～999人	1000人以上	500人以下	500人以下の％
1999年									
総計	117,148.5	19,873.7	13,007.1	17,854.4	17,489.7	6,426.7	42,496.9	68,224.9	58.2
農業サービス	2,544.8	1,155.2	536.9	401.0	215.2	50.8	185.8	2,308.2	90.7
鉱業	551.3	32.0	39.7	77.4	100.2	38.6	263.5	249.2	45.2
建設業	7,733.6	2,573.9	1,447.1	1,763.7	1,052.9	261.5	634.5	6,837.6	88.4
製造	21,701.6	1,161.1	1,412.6	3,153.7	4,663.0	1,452.0	9,859.1	10,390.5	47.9
運輸・公益	7,899.1	723.6	520.4	960.7	1,015.6	385.5	4,293.3	3,220.3	40.8
卸売	5,458.2	813.0	684.0	1,101.3	946.6	376.1	1,537.3	3,544.8	64.9
小売	24,816.4	3,944.4	3,337.8	3,359.4	2,055.6	899.9	11,219.2	12,697.2	51.2
金融・保険・不動産	8,294.7	1,100.1	716.4	918.1	1,081.3	483.1	3,995.7	3,815.9	46.0
サービス	38,148.7	8,370.3	4,312.2	6,119.1	6,359.4	2,479.1	10,508.5	25,161.1	66.0
1998年									
総計	115,063.7	19,352.7	13,753.1	17,260.6	17,534.1	6,722.6	41,441.6	66,899.5	58.1
農業サービス	2,413.4	1,188.8	462.5	335.5	234.9	50.7	140.9	2,221.8	92.1
鉱業	604.8	43.8	61.1	66.1	110.6	43.3	280.0	281.6	46.6
建設業	7,593.8	2,591.1	1,474.9	1,630.0	1,040.9	207.0	649.8	6,737.0	88.7
製造	21,197.8	977.5	1,320.9	2,926.7	4,722.6	1,803.1	9,447.0	9,947.7	46.9
運輸・公益	7,919.9	743.8	527.3	953.8	997.8	420.2	4,277.0	3,222.7	40.7
卸売	5,215.7	746.7	730.2	1,116.4	961.0	230.8	1,430.5	3,554.3	68.1
小売	24,532.7	3,739.7	3,196.8	3,345.0	2,045.8	933.1	11,272.3	12,327.3	50.2
金融・保険・不動産	8,409.9	1,197.4	660.7	899.7	1,173.4	509.5	3,969.2	3,931.2	46.7
サービス	37,175.7	8,122.8	4,318.7	5,987.3	6,249.1	2,524.9	9,974.9	24,675.9	66.4

出所）U. S. Small Business Administration, Office of Advocacy, *Small Business Economic Indicators for 1999,* 2001, Apendix－16.

者総数1億1,714万8,500人のうち雇用者数500人以下の企業は6,822万4,900人（58.2％）を雇用し，農業サービス部門と建設部門でそれぞれ約90％，卸売業で64.9％，サービス業では66.0％，運輸・通信・公益部門では40％を占めている。総雇用者数に占める中小企業従業員の比重は，1998年の58.1％から58.2％へとわずかに増加している。

　この中小企業でどれだけの雇用が創出されたのであろうか。時系列で分析し

図表2−17 中小企業で創出された雇用者数（単位：千人・％）

産業グループ	企業規模	雇用者数	貢献率
製造業	1〜19人	1,059	107.14
	20〜99	302	30.51
	100〜499	46	4.62
	500〜	−418	−42.27
	全規模	988	100.00
サービス業	1〜19人	2,746	34.98
	20〜99	1,106	14.09
	100〜499	784	9.98
	500〜	3,215	40.95
	全規模	7,851	100.00
IT産業	1〜19人	197	38.01
	20〜99	110	21.39
	100〜499	66	12.68
	500〜	144	27.93
	全規模	518	100.00
全産業	1〜19人	4,002	42.77
	20〜99	1,518	16.23
	100〜499	895	9.57
	500〜	2,942	31.44
	全規模	9,358	100.00

出所）Office of Advocacy of the U.S. Small Business Administration, *Establishment Employment Change and Survival, 1992−1996,* Feb. 2000. http://www.sba.gov.

た最新の調査（2000年に公表）は[2]，1992〜96年の実態しか明らかにしていない。それによると（図表2−17），1992〜96年に民間部門の雇用は935万7,756人増加（増加率10.08％）し，1994〜95年が最大の増加を示していた。業種ではサービス業が84％増加している。IT産業では51万8,525人の増加と一見低調に見え，雇用者総数の2.92％を占めるにすぎないが，この間の増加に対する貢献率は5.54％で，1995〜96年には11.57％の貢献率であった。

4 職種別雇用者数の推移

　図表2—18は，1987〜2000年の職業別就業者数の推移を示したものである。この表より1990〜91年の景気下降期後の動きを見るために1992年と2000年を対比した図表2—19によると，「管理職」の伸びが著しく，次いで専門職の伸びが高いことが分かる。だが，「技術・技術関連支援職」はほとんど変化なく，「管理支援職（事務を含む）」は実数で4万人程度減少している。以上の職種がアメリカの統計ではいわゆるホワイトカラー層を形成しているのであるが，このホワイトカラー層内部でもグレードの高い職種の伸びが大きく，グレードの低い職種では横這いあるいは減少していることが分かる。一方，工場内の一般労働者である「機械操作工・組立工・検査工」の下落は大きい。1992年から2000年にかけて34万人程度減少している。1980年代以降の減少傾向が依然として継続していることが分かる。製造業の海外・他国への移動を反映しているのであろう。だが，「運輸・資材移動従事者」は増加しており，国内の物流の比重が増していることを示している。

　より低いグレードの職業従事者の増加は，当然のことながら所得の低下を意味している。それを補填する方策は，一家族当たりの給与所得者の数を増加させるか，ムーンライター化する，つまり複数の職業に従事するかである。図表2—20は，1997年5月時点での複数の職業に従事している労働者の数を示したものである。16〜24歳全体の「物品購入の特別支出」や55歳以上層の「2つ目の仕事の享受」を除けば，「通常の家計支出補助」という理由が高い割合を示している。より低賃金であることが予測される黒人やヒスパニックではこの傾向がより顕著に示されているし，離婚者あるいは女性で扶養家族のある者についてはよりいっそう際立っている。25〜44歳では，男女とも「経験を積むかビジネスの立ち上げ」のために複数の職業に従事している割合が他の年齢階層よりも高い，低いグレードの職種からの脱却をキャリア・アップかベンチャーで達成しようとしていることの現れであろう。

第2章 1990年代におけるアメリカの雇用動向

図表2-18 職業別就業者数の推移（単位：千人，1987～2000年）

	1987	1988	1989	1990	1991	1992	1993
管理職・専門職	27,742	29,190	30,398	30,602	30,934	31,085	32,231
管　理　職	13,316	14,216	14,848	14,802	14,904	14,722	15,338
専　門　職	14,426	14,974	15,550	15,800	16,030	16,363	16,893
技術・販売・管理支援職	35,082	35,532	36,127	36,913	36,318	37,048	37,058
技術・技術関連支援職	3,346	3,521	3,645	3,866	3,814	4,277	4,039
販　売　職	13,480	13,747	14,065	14,285	14,052	14,014	14,342
管理支援職（事務を含む）	18,256	18,264	18,416	18,762	18,452	18,757	18,677
サービス職	15,054	15,332	15,556	16,012	16,254	16,377	16,821
家庭向けサービス職	934	909	872	792	799	891	928
保安サービス職	1,907	1,944	1,960	2,000	2,083	2,114	2,165
その他のサービス業	12,213	12,479	12,724	13,220	13,372	13,373	13,727
精密生産・職人・修理工	13,568	13,664	13,818	13,745	13,250	13,225	13,429
機械工・修理工	4,445	4,454	4,550	4,470	4,445	4,466	4,442
建　設　職	5,011	5,098	5,142	5,199	4,852	4,827	5,048
そ　の　他	4,112	4,112	4,126	4,076	3,953	3,931	3,939
操作工・製造工・一般労働者	17,486	17,814	18,022	18,071	17,456	17,247	17,341
機械操作工・組立工・検査工	7,994	8,117	8,248	8,200	7,820	7,658	7,553
運輸・資材移動従事者	4,712	4,831	4,886	4,886	4,913	4,908	5,036
荷役・装置清掃・作業補助・一般労働者	4,779	4,866	4,888	4,985	4,723	4,682	4,753
農林漁業従事者	3,507	3,437	3,421	3,450	3,506	3,510	3,379

	1994	1995	1996	1997	1998	1999	2000
管理職・専門職	33,847	35,318	36,497	37,686	38,937	40,467	40,887
管　理　職	16,312	17,186	17,746	18,440	19,054	19,584	19,774
専　門　職	17,536	18,132	18,752	19,245	19,883	20,883	21,113
技術・販売・管理支援職	37,306	37,417	37,683	38,309	38,521	38,921	39,442
技術・技術関連支援職	3,869	3,909	3,926	4,214	4,261	4,355	4,385
販　売　職	14,817	15,119	15,404	15,734	15,850	16,118	16,340
管理支援職（事務を含む）	18,620	18,389	18,353	18,361	18,410	18,448	18,717
サービス職	16,912	16,930	17,177	17,537	17,836	17,915	18,278
家庭向けサービス職	817	821	804	795	847	831	792
保安サービス職	2,249	2,237	2,187	2,300	2,417	2,440	2,399
その他のサービス業	13,847	13,872	14,186	14,442	14,572	14,644	15,087
精密生産・職人・修理工	13,489	13,524	13,587	14,124	14,411	14,593	14,882
機械工・修理工	4,419	4,423	4,521	4,675	4,786	4,868	4,875
建　設　職	5,008	5,098	5,108	5,378	5,594	5,801	6,120
そ　の　他	4,062	4,004	3,959	4,071	4,031	3,923	3,887
操作工・製造工・一般労働者	17,876	18,068	18,197	18,399	18,256	18,167	18,319
機械操作工・組立工・検査工	7,754	7,907	7,874	7,962	7,791	7,386	7,319
運輸・資材移動従事者	5,136	5,171	5,302	5,389	5,363	5,516	5,557
荷役・装置清掃・作業補助・一般労働者	4,986	4,990	5,021	5,048	5,102	5,265	5,443
農林漁業従事者	3,629	3,642	3,566	3,503	3,502	3,426	3,399

出所）*Report on the American Workforce, 2001.* 131ページより作成。

図表2－19 職業別就業者数の増減（単位：千人）

	2000/1992年の雇用者数比	1992～2000年の増減		2000年の構成比
		実数	構成比	
総　　　数	114	16,716	100.0	100.0
管理職・専門職	132	9,802	58.6	30.2
管　理　職	134	5,052	30.2	14.6
専　門　職	129	4,750	28.4	15.6
技術・販売・管理支援職	106	2,394	14.3	29.2
技術・技術関連支援職	102	108	0.6	3.2
販　売　職	117	2,326	13.9	12.2
管理支援職（事務を含む）	100	−40	−0.1	13.8
サービス職	112	1,910	11.4	13.5
家庭向けサービス職	89	-99	−0.6	0.5
保安サービス職	112	285	1.7	1.8
その他のサービス業	113	1,714	10.3	11.2
精密生産・職人・修理工	113	1,657	9.9	11.0
機械工・修理工	109	409	2.4	3.6
建　設　職	127	1,293	7.7	4.5
そ　の　他	99	−44	−0.2	2.9
操作工・製造工・一般労働者	106	1,072	6.4	13.5
機械操作工・組立工・検査工	96	−339	−2.0	5.4
運輸・資材移動従事者	113	649	3.9	4.1
荷役・装置清掃・作業補助・				
一般労働者	116	761	4.5	4.0
農林漁業従事者	97	−111	−0.6	2.5

出所）　図表2－18より作成。

第2章　1990年代におけるアメリカの雇用動向

図表2－20　複数の職業に従事している労働者数（単位：千人・％，1997年5月）

	総数	総計	通常の家計支出補助	借金返済	将来の貯蓄	経験を積むかビジネスの立ち上げ	友人・親戚の支援	物品購入の特別支出	2つ目の仕事の享受	その他
16歳以上の総数	8,751	100.0	30.9	10.5	8.7	7.7	3.2	7.9	14.5	16.6
16～24歳	1,274	100.0	24.7	18.2	11.4	5.2	2.3	13.0	6.5	18.5
25～34歳	2,054	100.0	34.7	14.2	8.3	9.2	2.4	7.5	10.4	13.4
35～44歳	2,607	100.0	32.7	8.1	9.5	8.5	3.7	6.8	15.4	15.3
45～54歳	1,986	100.0	31.5	7.6	7.2	8.0	3.8	5.8	17.3	18.8
55歳以上	829	100.0	23.6	4.6	6.1	5.0	3.8	9.4	27.0	20.6
男性16歳以上	4,720	100.0	29.3	10.4	10.1	8.4	2.8	7.4	15.9	15.8
16～24歳	647	100.0	25.3	17.7	13.2	6.6	3.5	13.5	7.4	12.7
25～34歳	1,143	100.0	33.6	16.2	9.8	7.9	1.9	5.0	11.5	14.1
35～44歳	1,419	100.0	32.6	7.3	11.0	9.3	2.2	6.8	16.0	14.8
45～54歳	1,033	100.0	27.4	6.9	9.3	9.1	3.7	6.5	19.0	18.1
55歳以上	478	100.0	19.1	3.1	5.7	7.6	3.8	8.5	30.8	21.6
女性16歳以上	4,031	100.0	32.7	10.7	7.0	7.0	3.7	8.5	12.8	17.6
16～24歳	628	100.0	24.1	18.8	9.6	3.9	1.1	12.5	5.6	24.3
25～34歳	912	100.0	36.0	11.6	6.3	10.8	3.0	10.7	9.1	12.4
35～44歳	1,188	100.0	33.0	9.0	7.8	7.4	5.4	6.8	14.7	15.9
45～54歳	953	100.0	35.9	8.3	4.9	6.8	4.0	5.1	15.6	19.5
55歳以上	351	100.0	29.6	6.7	6.7	1.5	3.8	10.7	21.8	19.3
白人	7,566	100.0	29.7	9.8	8.8	8.0	3.5	8.0	15.2	17.0
黒人	874	100.0	39.0	14.2	7.9	5.6	1.4	6.9	11.4	13.8
ヒスパニック	557	100.0	39.5	9.5	9.7	5.4	3.0	11.2	4.6	17.0
男性　独身	1,238	100.0	24.4	15.6	11.1	8.0	2.4	10.1	10.3	18.0
既婚者	2,910	100.0	31.2	8.1	10.1	8.3	3.0	6.3	19.2	13.9
離婚者	573	100.0	30.6	10.5	7.8	9.8	2.8	7.1	11.0	20.3
女性　独身	1,145	100.0	28.7	15.6	9.4	3.5	2.5	12.9	9.0	18.3
既婚者	1,941	100.0	28.8	7.2	6.5	9.9	4.1	7.4	16.5	19.6
離婚者	946	100.0	45.4	12.2	4.9	5.1	4.4	5.4	9.9	12.8
女性で扶養家族の有る者	577	100.0	52.6	11.9	5.0	1.6	2.0	6.1	8.3	12.4

出所）U.S. Department of Labor, Bureau of Labor Statistics, "When on job is not enough," *Issues in Labor Statistics,* Summary 00－15, August 2000.

5　ダウンサイジングと失業者の推移

　図表2-21・2-22・2-23は，1980～2000年における性別・年齢階層別の失業者数・失業率の推移を見たものである。アメリカの失業率は，1990～92年の景気後退期に一時増加したものの，1983年以降ほぼ一貫して下がり続けている（同時多発テロの結果，2001年第3四半期は悪化し，5.6％となった）。全体としてはそういった傾向が見て取れるが，それは白人の20歳以上の男女各年齢層につ

図表2-21　性別・年齢階層別失業者数の推移（単位：千人，1980～2000年）

年度	総失業者数	男性 総数	男性 16～19歳	男性 20歳以上	女性 総数	女性 16～19歳	女性 20歳以上	白人	黒人	既婚男性	扶養家族のいる女性
1980	7,637	4,267	913	3,353	3,370	755	2,615	5,884	1,553	1,709	482
1981	8,273	4,577	962	3,615	3,696	800	2,895	6,343	1,731	1,766	579
1982	10,678	6,179	1,090	5,089	4,499	886	3,613	8,241	2,142	2,632	675
1983	10,717	6,260	1,003	5,257	4,457	825	3,632	8,128	2,272	2,634	706
1984	8,539	4,744	812	3,932	3,794	687	3,107	6,372	1,914	1,896	627
1985	8,312	4,521	806	3,715	3,791	661	3,129	6,191	1,864	1,767	651
1986	6,237	4,530	779	3,751	3,707	675	3,032	6,140	1,540	1,819	632
1987	7,425	4,101	732	3,369	3,324	616	2,709	5,501	1,684	1,625	613
1988	6,701	3,655	667	2,987	3,046	558	2,487	4,944	1,547	1,360	547
1989	6,528	3,525	658	2,867	3,003	536	2,467	4,770	1,544	1,276	558
1990	7,047	3,906	667	3,239	3,140	544	2,596	5,186	1,565	1,446	580
1991	8,628	4,946	751	4,195	3,683	608	3,074	6,560	1,723	1,875	663
1992	9,613	5,523	806	4,717	4,090	621	3,469	7,169	2,011	2,150	737
1993	8,940	5,055	768	4,287	3,885	597	3,288	6,655	1,844	1,899	731
1994	7,996	4,367	740	3,627	3,629	580	3,049	5,892	1,666	1,592	692
1995	7,404	3,983	744	3,239	3,421	602	2,819	5,459	1,538	1,424	624
1996	7,236	3,880	733	3,146	3,356	573	2,783	5,300	1,592	1,322	658
1997	6,739	3,577	694	2,882	3,162	577	2,585	4,836	1,560	1,167	684
1998	6,210	3,266	686	2,580	2,944	519	2,424	4,484	1,426	1,034	612
1999	5,880	3,066	633	2,433	2,814	529	2,285	4,273	1,309	990	560
2000	5,655	2,954	604	2,350	2,701	489	2,212	4,099	1,269	891	522

出所）　*Report on the American Workforce, 2001.* 190ページより作成。

第2章 1990年代におけるアメリカの雇用動向

いていえることであって，16～19歳層・黒人・扶養家族のある女性については平均を上回っている。

　失業率の推移は以上のとおりであるが，それは何もダウンサイジングやレイオフがなくなったことを示しているわけではない。図表2―24に示されるように，1990年代にあっても著名企業による大規模なダウンサイジングが行われていた。また，図表2―25は，1997～2000年のレイオフを示している。これまでのレイオフと違い，最近のそれは「解雇」を意味していることから，その事態は深刻である。2001年4～6月という最新のデータでは，企業規模に関係なく，

図表2―22　性別・年齢階層別失業率の推移（単位：％，1980～2000年）

年度	総失業者数	男性			女性			白人	黒人	既婚男性	扶養家族のいる女性
		総数	16～19歳	20歳以上	総数	16～19歳	20歳以上				
1980	7.1	6.9	18.3	5.9	7.4	17.2	6.4	6.3	14.3	4.2	9.2
1981	7.6	7.4	20.1	6.3	7.9	19.0	6.8	6.7	15.6	4.3	10.4
1982	9.7	9.9	24.4	8.8	9.4	21.9	8.3	8.6	18.9	6.5	11.7
1983	9.6	9.9	23.3	8.9	9.2	21.3	8.1	8.4	19.5	6.5	12.2
1984	7.5	7.4	19.6	6.6	7.6	18.0	6.8	6.5	15.9	4.6	10.3
1985	7.2	7.0	19.5	6.2	7.4	17.6	6.6	6.2	15.1	4.3	10.4
1986	7.0	6.9	19.0	6.1	7.1	17.6	6.2	6.0	14.5	4.4	9.8
1987	6.2	6.2	17.8	5.4	6.2	15.9	5.4	5.3	13.0	3.9	9.2
1988	5.5	5.5	16.0	4.8	5.6	14.4	4.9	4.7	11.7	3.3	8.1
1989	5.3	5.2	15.9	4.5	5.4	14.0	4.7	4.5	11.4	3.0	8.1
1990	5.6	5.7	16.3	5.0	5.5	14.7	4.9	4.8	11.4	3.4	8.3
1991	6.8	7.2	19.8	6.4	6.4	17.5	5.7	6.1	12.5	4.4	9.3
1992	7.5	7.9	21.5	7.1	7.0	18.6	6.3	6.6	14.2	5.1	10.0
1993	6.9	7.2	20.4	6.4	6.6	17.5	5.9	6.1	13.0	4.4	9.7
1994	6.1	6.2	19.0	5.4	6.0	16.2	5.4	5.3	11.5	3.7	8.9
1995	5.6	5.6	18.4	4.8	5.6	16.1	4.9	4.9	10.4	3.3	8.0
1996	5.4	5.4	18.1	4.6	5.4	15.2	4.8	4.7	10.5	3.0	8.2
1997	4.9	4.9	16.9	4.2	5.0	15.0	4.4	4.2	10.0	2.7	8.1
1998	4.5	4.4	16.2	3.7	4.6	12.9	4.1	3.9	8.9	2.4	7.2
1999	4.2	4.1	14.7	3.5	4.3	13.2	3.8	3.7	8.0	2.2	6.4
2000	4.0	3.9	14.0	3.3	4.1	12.1	3.6	3.5	7.6	2.0	5.9

出所）　*Report on the American Workforce, 2001.* 191ページより作成。

図表2−23　失業率の推移（1996〜2000年）

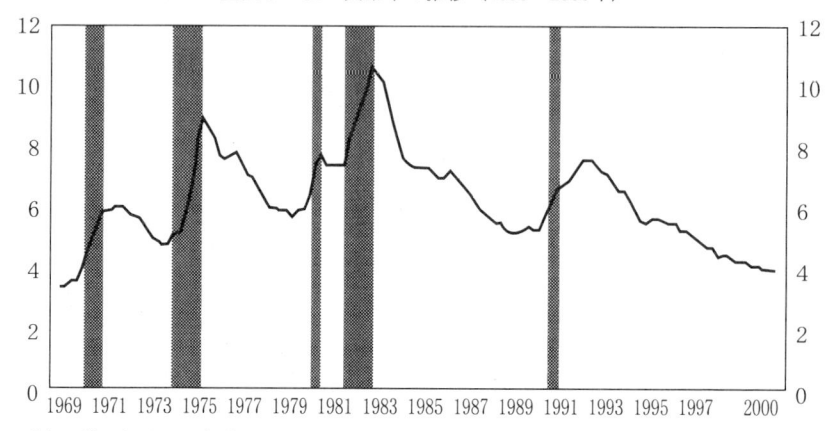

注）影の部分は景気後退期を示している。
出所）J. L. Martel and D. S. Langdon, "The Job Market in 2000," *Monthly Labor Review* (Feb. 2001), p. 18.

図表2−24　1990〜97年のアメリカ著名企業によるダウンサイジング

ＧＭ	74,000	ケミカル・バンク	12,000
ＩＢＭ	63,000	ゼロックス社	10,000
シアーズ社	50,000	パシフィック・ベル社	10,000
ＡＴ＆Ｔ	40,000	ウェルズ・ファーゴ社	7,000
デュポン社	37,000	ディジタル・イクイップメント社（1996）	7,000
ボーイング社（1993年2月）	28,000	キンバリー・クラーク社	6,000
ジェネラル・ダイナミックス社	27,000	ＲＪＲナビスコ社	6,000
ディジタル・イクイップメント社（1994）	20,000	３Ｍ	5,000
デルタ航空	18,000	モービル石油	4,700
ロッキード社	17,000	ユニシス社	4,000
ＧＴＥ	17,000	バンク・オブ・アメリカ（1993）	3,750
ＮＹＮＥＸ	16,800	バンク・オブ・アメリカ（1996）	3,750
イーストマン・コダック社	16,800	ナヴィスター社	3,000
フィリップ・モリス社	14,000	ボーイング社（1993年12月）	3,000
ウールウォース社	13,000	ワーナー・ランバート社	2,800
Ｐ＆Ｇ	13,000	ＵＳエア	2,500
バンク・オブ・アメリカ（1992）	12,000	アップル・コンピュータ	1,300

注）数字は発表されたもので，現実に行われたダウンサイジングと異なっている場合もある。
出所）各種雑誌，新聞。

第2章 1990年代におけるアメリカの雇用動向

図表2−25 レイオフの推移（1997〜2000年）

	レイオフ件数	離 職 者 数	失業手当要求者数
1997年			
1〜3月	1,317	255,227	
4〜6月	1,587	351,198	224,180
7〜9月	1,082	217,869	292,673
10〜12月	1,697	321,821	209,019
1998年			316,035
1〜3月	1,320	208,082	
4〜6月	1,563	391,461	247,315
7〜9月	1,234	248,054	402,276
10〜12月	1,734	379,976	256,803
1999年			325,990
1〜3月	1,509	277,780	
4〜6月	1,444	294,968	252,122
7〜9月	1,097	241,725	242,464
10〜12月	1,625	334,794	189,973
2000年			287,685
1〜3月	1,330	254,646	221,368
4〜6月	1,271	258,608	231,471
7〜9月	1,014	230,072	188,641
10〜12月	2,005	427,019	376,024
2001年			355,877
1〜3月	1,768	340,780	268,809
4〜6月	1,911	371,708	

出所) U.S.Department of Labor, Bureau of Labor Statistics, "Extended Mass Layoffs in the Second Quarter of 2001," News, p.2. http://www.dol.gov.

図表2−26　企業規模別レイオフの推移（2001年4〜6月）

企業規模	レイオフ件数		離　職　者　数	
	実　　数	%	実　　数	%
総　　　計	1,911	1,000	371,708	100.0
50〜99人	750	39.2	51,640	13.9
100〜149人	406	21.2	47,185	12.7
150〜199人	214	11.2	35,425	9.5
200〜299人	249	13.0	57,718	15.5
300〜499人	177	9.3	65,303	17.6
500〜999人	78	4.1	50,310	13.5
1,000人以上	37	1.9	64,127	17.3

出所）　U.S.Department of Labor, Bureau of Labor Statistics, "Extended Mass Layoffs in the Second Quarter of 2001," *News,* p.3.　http://www.dol.gov.

すべての規模でほぼ似通った実数でレイオフが実施されていることが示されている（図表2−26）。

6　非典型労働者の動向

　非典型労働者（contingent workers）とは，基本的には労働コスト削減を目的として採用された労働者のことである。労働統計局によると，「その仕事が継続すると期待していない者，あるいはその仕事が一時的であると報告している者」とし，「継続的な雇用契約が暗黙的にも明示的にもない労働者である。退職や復学といった個人的な理由で雇用の継続を期待していない労働者は，もしそういった個人的な理由がなければ仕事を継続するという選択肢を有していたなら非典型労働者とはみなされない」としている[3]。それは，「雇用継続に対して労働者が期待を持っていないという主観的な要素と，実際に労働者が就労している期間が1年以下であるという客観的な要素」[4]を判断基準にしている。
　労働統計局は，1995年以降隔年で調査している。その際の非典型労働者の推計法は以下の3つである。

> 推計法1:賃金あるいは給与を得ている労働者で、その仕事で1年以下の雇用の継続を期待している労働者と、就労中の職務に1年以下しか就いていない労働者がここに含まれる。自営業者と独立契約者はこの推計からは除外される。派遣労働者と業務請負企業労働者の臨時性は、派遣元会社あるいは業務請負会社との期待される雇用契約期間と在職期間で判断されるのであって、特定の派遣先や顧客のもとでの雇用契約期間あるいは在職期間で判断されるのではない。
>
> 推計法2:自営業者と独立契約者を含む労働者で、その雇用契約が1年以下であることを期待している労働者と、その職務(自営)に1年以下しか就いていない労働者がここに含まれる。派遣労働者と業務請負企業労働者の臨時性は、派遣元会社あるいは業務請負会社との雇用契約期間と在職期間の代わりに、派遣先や顧客について期待される雇用契約期間あるいは在職期間に基づいて判断される。
>
> 推計法3:仕事での雇用継続を期待していない労働者がここに含まれる。すでに1年以上仕事に就いて賃金あるいは給与を得ている労働者で、少なくとももう1年そこで就労を期待している労働者もここに含まれる。自営業者と独立契約者は、その雇用契約の期待が1年あるいはそれよりも短い期間である場合と、実際に1年未満の自営と個人事業の就労経験しかない労働者はここに含まれる。

労働統計局の調査では、典型的・伝統的就業形態に対し、「代替的就業形態(alternative work arrangements)」のもとにある労働者も調査している。具体的には、①独立契約者(Independent Contractors)、②オンコール・ワーカー(On-call Workers)、③派遣労働者(Temporary Help Agency Worker)、④業務請負企業労働者(Workers Provided by Contract Firms)が取り上げられている[5]。労働統計局によるそれぞれの定義は以下のとおりである[6]。

> 独立契約者とは，自営あるいは賃金・給与を得ているかどうかにかかわらず，independent contractors, independent consultants, freelance workers と呼ばれている労働者である。{具体的には，フリー・ライター，不動産業者，リフォーム業者など，顧客に対して自ら商品・サービスを提供する[7]。}
>
> オンコール・ワーカーとは，連続して数日あるいは数週間働く予定は可能であるが，必要に応じて就労する時にのみ呼び出される労働者である。{具体的には，代理の教師，看護婦，建設労働者など。}
>
> 派遣労働者とは，その仕事が一時的であるかどうかにかかわらず，派遣元企業から賃金・給与を支払われる労働者である。{業種は多岐にわたっている。}
>
> 業務請負企業労働者とは，請負契約に基づいて，従業員やサービスを顧客に提供する会社に雇用されている労働者で，通常，一つの顧客企業にのみ派遣され，その顧客企業の事業場で働く労働者である。{具体的には，ビル警備・清掃，コンピュータ・プログラミングなど。}

 以上のように分類される労働者の内実を労働統計局の調査によって見ておこう[8]。図表2－27に示されているように，推計法によって異なるが全体的には減少傾向にある。1999年調査（各年2月に実施）の総雇用者の1.9％～4.3％より減少して2001年2月調査では1.7％～4.0％を構成していた。実数では，1999年調査の244万人～564万人に対し，2001年調査では230万人～537万人と推計されている。

 2001年2月時点での非典型労働者の約31％は16～24歳であり，そのうちの60％は学生であった。女性の方が非典型労働者となる割合が高く，黒人やヒスパニックの方がそうなりやすい。55％はサービス産業で雇用されており，52％が永続的な仕事を希望している。この形態での雇用を好む者は1999年調査と同じく39％であったが，1995年の31％よりは増えていた。彼らの平均週給は，フルタイム労働者の場合で432ドルであった（図表2－28）。これまでの調査では雇用主が提供する医療保険でカバーされる割合が低いことが指摘されていたが，

第2章 1990年代におけるアメリカの雇用動向

図表2－27 就業者に占める非典型労働者および代替的就業形態労働者の割合

(％，万人)

類　型	1995年		1997年		1999年		2001年	
	％	人数	％	人数	％	人数	％	人数
非典型労働者								
推　計　法　1	2.2	274	1.9	239	1.9	244	1.7	230
推　計　法　2	2.8	342	2.4	310	2.3	304	2.2	296
推　計　法　3	4.9	603	4.4	557	4.3	564	4.0	537
独　立　契　約　者	6.7	831	6.7	846	6.3	825	6.4	859
オンコール・ワーカー	1.7	208	1.6	200	1.5	203	1.6	209
派　遣　労　働　者	1.0	118	1.0	130	0.9	119	0.9	117
業務請負企業労働者	0.5	65	0.6	81	0.6	77	0.5	63

注）　各年度の就業者数は，1995年123,208千人，1997年126,742千人，1999年131,494千人，2001年134,605千人である。

出所）　1995～99年は，Steven Hipple, "Contingent Work in the late－1990s," Marisa DiNatele "Characteristics of and Preference for Alterative Work Arrangement 1999," *Monthly Labor Review,* Vol.124, No.3 (March 2001). 2001年は，*Contingent and Alternative Employment Arrangements, February 2001.* http：//states.bls.gov:80/news.release/conemp.nr0.htm/

　この点はあまり改善されておらず，典型労働者の2分の1に対し，4分の1であった（図表2－28）。ただし，雇用主が提供する保険の適用は低いが，彼らの64％は何らかの形で保険適用されていた（正規雇用労働者は83％）。年金に関しては5分の1が提供されていたにすぎない（図表2－29）。

　独立契約者は860万人（総雇用者の6.4％）で，35歳以上の白人男性である場合が多く，その多くは学士号をもっている。その24％はパートタイマーであり，83％は従業員であるよりも現在の地位を好んでいる。サービス業と建設業で多く見られ，そこでは管理職あるいは専門職の地位にある。他の分類が前回の調査と大差ないのに対し，独立契約者は若干増加している。

　オンコール・ワーカーは210万人（総雇用者の1.6％）で，16～24歳で多く見受けられ，パートタイマーとして働く志向が一般的な労働者よりも3倍程度高く，オンコール・ワーカーの47％はパートタイマーである。独立契約者と同じく

図表2－28　非典型労働者の週賃（ドル），2001年2月

	非典型労働者			代替的就業形態			
	推計法1	推計法2	推計法3	独立契約者	オンコール・ワーカー	派遣労働者	業務請負企業労働者
フルタイム労働者							
16歳以上の総計	388	397	432	644	517	396	790
男　　性	418	436	488	732	596	435	880
女　　性	341	347	364	489	380	367	530
白　　人	392	398	429	659	536	416	801
黒　　人	366	374	422	519	477	351	(1)
ヒスパニック	308	310	302	473	332	310	(1)
パートタイム労働者							
16歳以上の総計	117	120	121	243	139	186	(1)
男　　性	135	137	134	326	130	(1)	(1)
女　　性	107	110	115	205	145	178	(1)
白　　人	111	113	116	255	132	189	(1)
黒　　人	134	140	137	131	164	(1)	(1)
ヒスパニック	104	104	93	221	136	(1)	(1)

　注）　10万人未満で数値がないことを示している。
　出所）　図表2－27に同じ。

サービス業と建設業に多い。43％はこれまでの仕事を志向している。

　業務請負企業労働者は63.3万人（総雇用者の0.5％）で，その71％は男性でパートタイマーとして働く意志は低く，42％の契約労働者は25～64歳であり，サービス業と製造業で多く雇用されているが，10人に1人以上の割合で官公庁（public administration）で働いているのが特徴である。

　派遣労働者は，労働統計局の2001年の調査によると120万人（総雇用者の0.9％）である。その多くは女性・黒人・ヒスパニックであり，20～34歳が多い。5人に1人はパートタイマーであり，16～24歳で学生は少ない。25～64歳では，高校中退者が一般の労働者よりも多いが，半分以上がカレッジの1年目を修了している。1999年調査では57％がこれまでのような就業形態を望んでいたが，2001年度では44％に下落している。

　アメリカ人材協会（American Staffing Association）の調査によると[9]，2000年

図表2－29　典型・非典型労働者の医療保険と雇用主が提供する年金への資格

(2001年2月)

	総雇用者数（千人）	健康保険でカバーされている割合		雇用主提供年金への資格者の割合(2)	
		総計	雇用主が提供(1)	総計	雇用主提供年金への加入者
非典型労働者					
推　計　法　1	2,295	55.8	10.2	10.8	6.9
推　計　法　2	2,963	57.9	9.1	10.4	6.8
推　計　法　3	5,369	63.6	20.4	21.7	16.0
典型労働者	129,236	82.5	55.0	51.8	47.0
代替的就業形態					
独立契約者	8,585	72.5	(3)	3.5	2.3
オンコール・ワーカー	2,089	70.0	29.8	36.9	31.3
派遣労働者	1,169	48.1	10.7	13.3	7.6
業務請負企業労働者	633	80.1	52.1	55.7	47.7
伝統的就業形態	121,917	83.1	58.3	54.5	49.5

注1)　自営業者と独立契約者を除外している。
注2)　自営業者は除外し，自営の独立契約者は含んでいる。
注3)　適用除外。
出所)　図表2－27に同じ。

に派遣労働者として雇用されていた者は，労働統計局の2倍以上の一日平均254万人であった。1992年から95年までの成長率は20.3％であったが，1995年以降の成長は鈍化し，6.8％にすぎなかった。1999年から2000年への成長率は，それをも下回る4.2％であった。2001年は第2四半期までしか分からないが，前年実績を下回りそうである（図表2－30）。その結果，1990年代を通して派遣事業は堅調に推移したものの，そこでの雇用者数は非農業部門の2.5％を占めるに留まっている。一方，売上は1990年以降で3倍になっている。2000年には，前年比6.9％増の636億ドルとなったが，2001年度の第2四半期までを見る限り前年実績を下回りそうである（図表2－30）。

図表2－30　労働者派遣業の売上高と派遣労働者数の推移

売上高の推移（10億ドル）

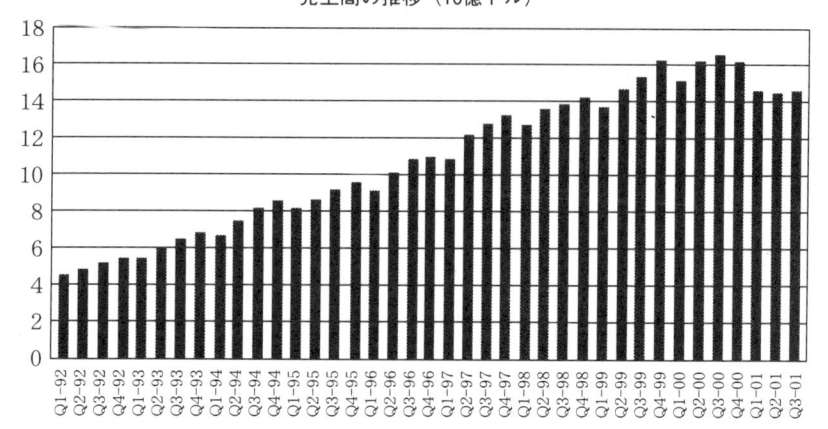

派遣労働者数の推移（100万人）

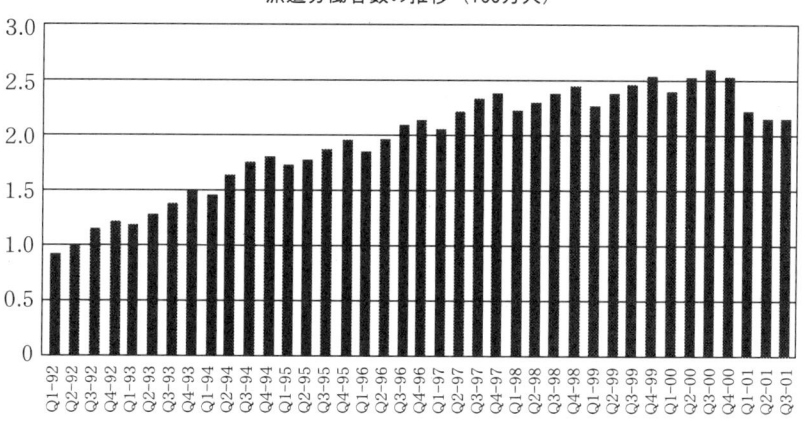

出所）　American Staffing Association, Quarterly Staffing Survey, 2001.
　　　　http://www.natss.org.

第2章 1990年代におけるアメリカの雇用動向

(注)

1) アメリカ労働統計局のURLは，http://stats.bls.gov/である。
2) Office of Advocacy of the U.S. Small Business Administration, *Establishment Employment Change and Survival, 1992–1996,* Feb. 2000. http:/www.sba.gov/
3) U.S. Department of Labor, Bureau of Labor Statistics, *Contingent and Alternative Arrangements, February 2001.* http://stats.gov:80/news.release/conemp.nr0.htm.
4) 日本労働研究機構『アメリカの非典型雇用』2001年，12ページ。
5) その他に，季節労働者，臨時労働者，従業員リースなどを含める場合もあるが，こでは労働統計局に従う。なお，非典型労働者の分析は，仲野組子『アメリカの非正規雇用』(青木書店，2000年) が詳しい。
6) Contingent and Alternative Arrangements, February 2001.
7) ｢ ｣内の具体例は，日本労働研究機構，前掲書，13～14ページ。
8) *Contingent and Alternative Arrangements,* February 2001.
9) T. W. Brogan, *Scaling New Heights : ASA's Annual Analysis of the Staffing Industry,* 2001.

(伊藤　健市)

第3章　コンピテンシー・ベースド・マネジメント

1　コンピテンシー概念の成立

(1)　コンピテンシー概念と動機づけ理論

　アメリカの企業では，1990年頃から人事の領域に「コンピテンシー」(Competency) という概念が導入されている。コンピテンシーとは，一般に「高業績者の行動特性」として理解されている。現在では，それをベースにしたマネジメントが成立しており，ＨＲＭに適用される事例を見るようになった。

　ところで，コンピテンシーとは，本来，心理学 (Psychology) に由来する用語であることに注意しなければならない。心理学の成果が当該領域に応用される例は，人事管理の成立時に，ミュンスターバーグ (H. Münsterberg) の『産業能率の心理学』[1] が関係したことに始まり，ＨＲＭの成立にも行動科学 (Behavioral Sciences) の成果が関係していることを指摘するまでもなく多い。むしろ当該領域は心理学の発展とともにあるといってよい。

　コンピテンシーは，心理学の領域のなかでも，人間行動の「動機」(Motive) に関する研究から概念化されたものである。動機に関する研究は，早くから人事の領域に応用されているが，コンピテンシーに関しては，1950年代から1960年代にかけてのマクレランド (D.C. MaClelland) やアトキンソン (J.W. Atkinson) による「達成動機」(Achievement Motive) の研究，とりわけ前者の研究に依拠している。達成動機とは，困難を克服して，より高度な問題に挑戦し，高い業績をあげたいという動機であり，マクレランドはその研究により，達成動機の高い者ほど，つねに高い業績に結びつくような行動をしており，実際，高い業績をあげていることを明らかにした[2]。そのような，高い業績に結びつく

行動の特性を概念化したものがコンピテンシーと考えられている。1970年代に，マクレランドが，アメリカ国務省の職員採用に関する選考基準にコンピテンシーの導入を提唱して以来，注目を集め，HRMシステムにおける活用の試行錯誤が重ねられ，現在ではわが国の企業にも導入の例が見られるようになった。

(2) コンピテンシー・モデル

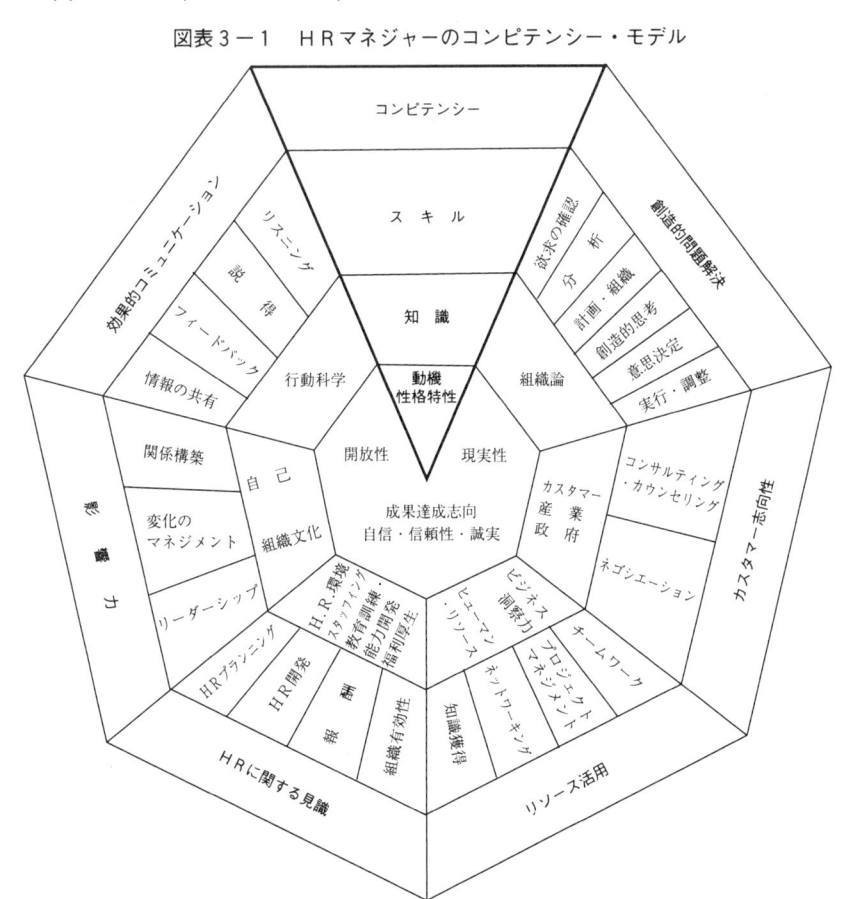

図表3-1　HRマネジャーのコンピテンシー・モデル

出所) A.D.Lucia and R.Lepsinger, *The Art and Science of Competency Models - Pinpointing Critical Success Factors in Organizations* - Jossey-Bass Pfeiffer, 1999, p.136.

コンピテンシーとは，一般に「高業績者の行動特性」として理解されているが，厳密に定義されている概念ではない。

　図表3－1は，ヒューマン・リソース・マネジャーのコンピテンシー・モデルを示す例である。このモデルでは，各コンピテンシーに対応するスキル，知識が明確に定義されているが，動機や性格特性までも含めてコンピテンシーを広義に理解する例もある[3]。

　高業績者（high performer）とは典型的にはマネジャーであり，このコンピテンシー・モデルも，マネジャーに適用される例であるが，高業績者は，必ずしもマネジャーに限られるものではない。むしろ，高業績者をマネジャーに限定せずに，職場のリーダー，エキスパート，スペシャリストなど，多様な高業績者の行動特性を客観化・標準化したモデルをつくり，それに基づくマネジメントを展開しようとするところに，コンピテンシー・ベースド・マネジメントの特徴がある。

2　コンピテンシー・ベースド・マネジメントとHRMシステム

(1)　コンピテンシー・モデルとHRMシステム

　コンピテンシー・モデルの開発の次の段階は，目的ごとにフォーマットを作成し，それを活用できるようにすることである。図表3－2には，コンピテンシー・モデルが選考，教育訓練・能力開発，業績評価，後継者育成計画というHRMシステムごとに活用される場合のモデルがとりうるフォーマットが簡潔に示されている。

　ところで，アメリカの大企業でもコンピテンシーに基づく報酬システムの実施例は多くはない。したがって，ここで報酬システムへの全面的な活用の例を示すことはできない。すなわち，アメリカでは，現在でも職務給が依然として主流である。しかし，企業では外部の労働市場で主流である職務給を前提として，職務分析を実施する際に職務分析要素にコンピテンシーを活用したり，職

図表3−2　コンピテンシー・モデルのフォーマットとHRMシステム

活用領域	フォーマット
選　　考	・定義のあるコンピテンシー ・面接で適切な行動についての情報を導き出すための質問項目のリスト ・容認できる行動から容認できない行動までの範囲を示す被面接者評価フォーム
教育訓練・能力開発	・各コンピテンシーごとに高業績を説明する3つから5つの行動例 ・コンピテンシーの活用可能性あるいは有効性を評価する基準 ・現在あるいは将来の役割に対するコンピテンシーの有効性を評価する基準 ・スキル改善に有効な職場経験あるいは開発経験のリスト
業績評価	・上位のスタンダードから下位のスタンダードまで，各コンピテンシーの有効性に関する3つから5つのレベルの説明 ・各コンピテンシーに関して特定の行動例のあるチェック・リスト
後継者育成計画	・行動の説明のあるコンピテンシー／職務を遂行するために必要な能力 ・コンピテンシー開発の方法に関する指示

出所）　A.D. Lucia and R. Lepsinger, *The Art and Science of Competency Models*, p.114.

務等級のレンジ内での昇給の決定にコンピテンシーを活用する，という部分的な活用例はむしろ増加してきている，ということは指摘することができる。以下では，コンピテンシーに基づくHRMシステムの実施について概説する[4]。

(2)　コンピテンシーに基づく選考システムの実施

　コンピテンシーをHRMシステムに適用する場合，新規従業員の選考にコンピテンシーを活用することは，他のHRMプロセスで活用することに比べ抵抗が少ない。したがって，選考システムの強化あるいは修正にコンピテンシー・モデルを適用することは，業績評価や後継者育成計画に適用することよりも扱いやすい。また，新規従業員の質へのコンピテンシーに基づく選考の影響は，測定することが容易である。そのため，あらゆるレベルのマネジャーが，コンピテンシー・モデルを活用することのメリットを認識することができる。HRMシステムでのコンピテンシー・モデルの活用を選考システムから開始するこ

第3章 コンピテンシー・ベースド・マネジメント

とは，他のHRMプロセスへの適用をはるかに容易にする効果がある。コンピテンシーに基づく選考システムを実施するためには，以下のことが必要である。

1） 職務上の成功を予測する有効なコンピテンシー・モデル

有効なコンピテンシー・モデルを活用することは，採用の意思決定が職務上の成功を予測できる基準に基づいて行われることを保証する。図表3－3は，セールス担当者を対象として企業で活用されている有効なコンピテンシー・モデルである。これらのコンピテンシーが面接や選考の基準として活用される場合には，新規雇用者の業績は向上し，労働移動は減少する。

図表3－3　セールス・コンピテンシー・モデル

スキル　・基本的セールス・スキル
　　　　　　信頼関係を確立し，カスタマーのニーズを認識し，製品の有益な特徴を説明し，取引をまとめている。
　　　　・戦略的セールス・スキル
　　　　　　製品に対するニーズに注意し，カスタマーとサプライヤーとの関係の戦略的方向性をサポートするビジョンを確立している。
　　　　・コンサルティング・スキル
　　　　　　カスタマーとサプライヤーとの関係に影響を及ぼす意思決定に他者を関与させ，問題解決に主要な利害関係者の参加を奨励し，画期的なアイディアや解決法を開発している。
　　　　・問題解決スキル
　　　　　　問題を予測し，アイディアを求め，原因と徴候とを識別し，計画を修正し，解決を実行している。

知　識　・財務分析
　　　　　　カスタマーや組織の意思決定に対する財務上の影響を理解している。
　　　　・市場分析
　　　　　　市場のトレンド，および産業，カスタマー，競争に対するそのトレンドの密接な関係を理解している。
　　　　・ビジネス・プランニング
　　　　　　収益性や成長に対する産業の潜在能力や当該企業の競争上の地位に影響を及ぼす要因，この情報が企業の戦略的な方向性やビジネス・プランを確定するために活用される方法を理解している。
　　　　・コンピュータ・リテラシー
　　　　　　カスタマー候補者リストや関連経済データを含むマーケティング・プログラムへのアプリケーションのための基本的なコンピュータ・スキルを保有している。

- ビジネス・プロセスの改善
  ビジネス・プロセス間の関係を理解しており，問題を確認し，プロセスを改善するためにこの知識を活用している。
- 製品に関する知識
  事業上の重要な問題や，製品およびサービスに関する専門知識を保有している。

能　力
- 精神的能力
  多様な問題に対応することができ，学習する能力を保有している。
- 批判的思考
  帰納的かつ演繹的な思考能力を保有し，限定された情報から結論を引きだすことができ，関連情報を積極的に捜し求めている。
- 数量的把握
  論理的に考え，分析し，多くの要因から結論を引きだすことができ，数量的データの処理に慣れている。
- 拡散的思考
  具体的な事象の範囲を超えて考え，独創的な解決法を定式化している。

性　格
- 忍耐力（長期のセールス・サイクル）
  当座の満足を回避し，他者の要求に喜んで対応しており，将来の利益のために長期にわたり時間とエネルギーを投資することができている。
- 達成欲求
  自己評価し，個人目標と事業目標を達成し，成果に到達することから個人的な満足を得ている。
- 思慮深さ
  自己を認識し，自己に対する他者の認識を理解し，言葉や行動の他者への影響について考え，決して衝動的に行動したりしない。
- 所属欲求
  他者と協力し合い，十分な関係をもち，他者により認められたいという欲求をもっている。
- 確　信
  対面的な状況で，適切な交渉力や鋭敏な察知能力を示して，指揮することができている。
- 自己管理
  長期にわたり最小限のサポートで，自主的に活動し，イニシアチブを発揮し，個人的な成功に導くことができている。

出所）A. D. Lucia and R. Lepsinger, *The Art and Science of Competency Models*, pp. 117−118.

2） 候補者が必要なコンピテンシーもしくは開発可能な潜在能力を保有しているかどうかを面接者が判断することをサポートする質問項目

　高い業績に対応するコンピテンシーが確認されたならば，面接者は，候補者がそれらを有しているか，あるいは開発することができるかどうかを判断しなければならない。そのために，面接者は適切な質問項目を準備しておかなければならない。それらは，マネジャーにとって，選考をサポートすることになるが，質問項目とコンピテンシーとの間には単純な関係はないということを認識する必要がある。質問項目は，候補者が，現在および過去の経験について述べ，同時にいくつかのコンピテンシーを示すことを促すように設計されなければならない。

3） 候補者が有能であるか，職務に必要な潜在能力を保有しているかどうかを評価するために訓練され，経験のある面接者

　面接者のスキルは重要である。面接者は質問項目を有効に活用し，一般性よりもむしろ特殊性を厳密に調べ，コンピテンシーの観点から回答を解釈することができなければならない。

4） 結果を記録し，候補者を比較評価するためのフォーム

　面接についての情報を収集するための標準的なフォーマットは，候補者に関する事実と印象が時間の経過とともに忘れられたり，あるいは誤解されたりすることを回避するためのものである。

(3) コンピテンシーに基づく教育訓練・能力開発システムの実施

　コンピテンシーは，360度評価（360-degree feedback）を通して，教育訓練・能力開発システムに導入されている。360度評価の質問事項は，高業績に対応する行動のリストを伴うものであり，コンピテンシー・モデルに類似している。360度評価は，変化の必要性を認識し，組織開発の必要性を確認し，職務行動の改善を検討するために，現在，多くの教育訓練・能力開発システムで活用されている。360度評価とコンピテンシー・モデルは，とくに，教育訓練・能力開発システムへの適用において，ますます密接に関係している。コンピテン

シーに基づく教育訓練・能力開発システムを実施するためには、以下のことが必要である。

1) コンピテンシーが職務において発揮されている具体的な行動例

スキル、知識、および性格は抽象的な概念である。チーム・ワークあるいは自主性のようなコンピテンシーは、多様な解釈が可能である。コンピテンシーの活用を証明する行動を観察することによってのみ、個人がスキル、知識、および性格を保有しているかどうかを判断することが可能となる。コンピテンシーの定義は、誤って解釈されることを防ぐために、明確に定義された行動例を伴う必要がある。

2) コンピテンシーが最近活用されている範囲を確認するプロセス

コンピテンシー・モデルは、高業績にもっとも関連する具体的行動例を提示しており、360度評価は、職務に必要とされる具体的な行動例を詳述している。ともにそれらは、職務業績を高めるために開発される必要のある領域を指摘す

図表3－4　セールス・コンピテンシー　360度評価項目
（基本的なセールス・スキルの例）

当マネジャーは、下記の特定の行動についてどのように行っているか、それぞれの記述内容を注意深く読み、右の回答欄にマークしてください。
① 決して行わない　　④ たいてい行う
② まれに行う　　　　⑤ ほとんど常に行う
③ 時々行う

基本的セールス・スキルの行使	
1．他者の意見を理解するために十分注意をはらっている。	⑤④③②①
2．カスタマーが自身のニーズを把握するのに役立つように調査に基づく質問をしている。	⑤④③②①
3．カスタマーへの提案がそのニーズと一致することを確実にしている。	⑤④③②①
4．適切な場面で意思決定を求めている。	⑤④③②①
5．異議や懸念を十分に検討して、次のセールス・プロセスに進んでいる。	⑤④③②①
6．提案が認められれば、あらゆる要因を配慮して実行している。	⑤④③②①

出所）A.D. Lucia and R. Lepsinger, *The Art and Science of Competency Models*, p.127.

るために有効である。360度評価は，最近では上司や同僚，ときにはカスタマーから業績を高めることに関して学習する方法として一般的になっている。それは，図表3－4に見るように，伝統的な上司からの下方向のフィードバックよりも包括的で正確な行動例を提供しており，個人の長所および短所を明確にするためには有効である。

3） コンピテンシーを学習し，開発する教育訓練・能力開発の機会に対する認識

フィードバック・プロセスで問題点が指摘される場合には，教育訓練・能力開発のオプションに関する認識が必要となる。それらには，職場訓練や大学などでの訓練プログラムがある。職場訓練や大学などでの訓練プログラムの場合には，プログラムとコンピテンシーとの間の密接な関係が明確となる。プレゼンテーション・スキルやコンフリクト・マネジメント・スキルのような一定のコンピテンシーは，教室で学習することが十分可能である。リーダーシップやモチベーションのような他のコンピテンシーは，実際の職場で学習することが可能である。しかし，この種のコンピテンシーと，タスク・フォースあるいは組織横断的なプロジェクトで活動するような特定の職場経験との関係を発見し，それを開発することは困難である。いかなる経験も，コンピテンシーが学習されることを保証するものではない。スキル・ギャップを縮小し，コンピテンシーを開発することにもっとも適切な経験を明確にすることは，努力を必要とする。

4） スキルや知識のギャップを縮小するサポートメカニズム

教育訓練・能力開発に対する継続的なサポートが有益であることは経験が示している。サポートがなければ，学習が日常の行動の自然な一部となるようなことはありえない。カリキュラムは，職務業績に大きく影響するコンピテンシーに焦点を当てるべきである。サポートにより，どのようにコンピテンシーを発揮しているかなどについての情報を得ることができる。

(4) コンピテンシーに基づく評価システムの実施

コンピテンシーに基づく評価システムの実施は，コンピテンシーを利用して

いないシステムと同様，困難ではない。コンピテンシーに基づく評価システムは，評価の基準が明確となり，職務業績に直接関係する問題を提出し，事業目標とその目標が達成される方法との間のバランスを確立する可能性を高める。コンピテンシーに基づいている，いないにかかわらず，健全な評価システムを実施するための主要な要件は共通している。

1） 職務の遂行にとって重要な適切な行動に関する説明

多くの評価システムの欠陥は，評価者が業績を効果的かつ正確に評価するための十分な情報がないということである。それらは，何が達成されたかについての評価を強調する傾向があり，それがどのように達成されたかについては，ほとんど注意が向けられていない。コンピテンシーに基づく評価は，業績を評

図表3－5　コンピテンシーの定義と考課基準

考課基準：5つの考課基準は業績のレベルを表わす
(1)　例　外　的　：　一貫して期待を上回っている
(2)　非常に良好　：　一貫して期待を満たしている，あるいは上回っている
(3)　良　　　好　：　一貫して期待を満たしている
(4)　満　　　足　：　時々期待を満たしている
(5)　不　満　足　：　一貫して期待を満たすことができない

コンピテンシー	考課
イニシアチブを発揮している：能率向上のために積極的に変化を起こし，あるいは行動し，既存の問題や潜在的な問題を提出し，カスタマーを満足させ，新しい機会を見いだしている。	
コミュニケーションを効果的に行っている：口頭や文書で，情報やアイディアを発信し，他者に対して耳を傾け適切に対応している。	
フレキシビリティを示している：状況の変化，予期しないプレッシャー，多様な職務要求に直面したときに効果的に適応している。	
優先事項の均衡を図っている：多様な優先事項を考慮して仕事量を適切に管理している。	
分析的なスキルを活用している：正確で有意義な結論を引きだすために，適切な情報，データ，分析ツールを活用している。	

出所）　A. D. Lucia and R. Lepsinger, *The Art and Science of Competency Models,* p. 133.

価するために特定の行動例を提示することにより，何がということと，どのようにということの両方が評価されることを保証する。図表3－5では，一定のコンピテンシーに基づいて業績を評価するための考課基準が示されている。

2） 被評価者の行動に関するデータ収集の方法

コンピテンシー・モデルは，2つの方法で，被評価者の行動に関するデータ収集に役立つ。第1に，それは，マネジャーに対し，評価期間内に観察し検討すべき特定の行動のリストを提供する。第2に，それは，評価者が被評価者の同僚やカスタマーとの有益な対話を実施することを可能にする。コンピテンシー・モデルは，360度評価の項目に変換することができるし，多くの人から適切なデータを収集する有効な手段としても利用することができる。

3） 業績を検討する能力

業績を検討するためには，次の要件が必要である。第1は，評価プロセスそれ自体がマネジャーにとって扱いやすいものでなければならない。単純なプロセスは，高いレベルの参加にも，良質の成果にも貢献する。第2は，評価者には能力開発の必要性などについて検討するためにコミュニケーション・スキルや問題解決スキルが必要である。

(5) コンピテンシーに基づく後継者育成計画システムの実施

有効な後継者育成計画を実施するためには，次の4つの要件が必要である。

1） 重要な職務や役割に関するコンピテンシー・モデル

後継者育成計画システムにおけるコンピテンシー・モデルには2つのアプリケーションがある。第1に，このモデルは，潜在能力の高い従業員を評価し，確認するための基準として利用される。第2に，このモデルは，将来，企業においていっそう重要な地位につく潜在能力をもつ人を採用することを確実にする。すなわち，現在，活用可能な従業員を確認し，将来，重要な地位につく潜在能力のある従業員を決定することを可能とするものである。

2） 後継者候補を評価し，育成するための方法

後継者育成計画システムは，潜在能力の高いマネジャーの個人情報を企業秘

図表3-6　後継者育成計画―後継者候補評価・能力開発フォーム

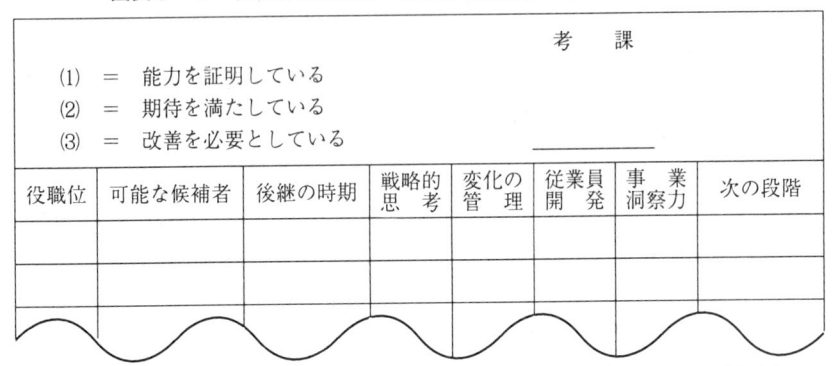

			考　課				
(1) ＝ 能力を証明している							
(2) ＝ 期待を満たしている							
(3) ＝ 改善を必要としている							
役職位	可能な候補者	後継の時期	戦略的思考	変化の管理	従業員開発	事業洞察力	次の段階

出所）　A. D. Lucia and R. Lepsinger, *The Art and Science of Competency Models*, p. 140.

密として保護し，後継者候補に，組織に対する有効な貢献者であるためにどのようなことを行うべきかを伝える最善のシステムであると考えられる。このシステムはまた，能力開発や将来のキャリアの観点からもその意義が明確にされる必要がある。

　図表3-6のフォーマットは，各コンピテンシーに考課基準を設定し，能力開発計画を記録する欄のあるものである。各要素は，後継可能性を評価し，スキルを強化するための開発計画を記録する単一のフォームに統合されている。

3）　コンピテンシーを開発する方法と機会に関する理解

　後継者候補の能力開発上の問題が確認されれば，組織はそれを最小化するために時間と費用を投資する必要がある。さらに，いっそう重要な役割を果たすために必要な経験や知識を得ることができるように，後継者候補にキャリア開発の機会を提供しなければならない。

4）　すべてのＨＲＭシステムとの連携

　後継者育成計画は，他のＨＲＭシステムからのインプットの質に大きく依存しており，ＨＲＭプロセスのなかでユニークな存在である。後継者育成計画システムは，選考，教育訓練・能力開発，業績評価システムのすべてが有効に機能していなければ成功しない。これらのシステムは，必要な能力を保有してい

第3章　コンピテンシー・ベースド・マネジメント

る人が採用され，その潜在能力が学習やコーチングにより開発され，その能力が強化されることを保証するように設計されている。すべてのＨＲＭシステムでコンピテンシー・モデルを活用することは，システムに必要な一貫性や継続性を準備することになる。

3　コンピテンシー・ベースド・マネジメントの特質

(1)　職務細分化とコンピテンシー

　コンピテンシー・ベースド・マネジメントの成立・普及は1990年代であるが，それは1980年代より顕著になっていた細分化された職務の崩壊と大きな関係がある。細分化された職務とは，人間労働をその構成要素に分解し，「労働力の量的限定」を「科学的」に設定することを可能としたテイラー・システムに始まり，職務分析，職務記述書，職務明細書，職務評価など従来の Personnel Management を構成する管理技術により「労働力の質的限定」が定義されることによりいっそう細分化され，さらに，産業別労働組合との団体交渉により厳密に限定された，職務給の前提となる職務である。それのもつ問題は，1960年代後半から1970年代初頭にかけて，労働疎外の問題として顕在化していたが，1980年代には，経営環境の変化への対応を阻害する要因と考えられるようになった。すなわち，細分化された職務のもとでは配置転換が困難であり，能力開発に限界があり，変化へのフレキシブルな対応ができないという問題である。そこで，こうした問題への対応として，類似する職務をおおぐくりしたり，チーム・ワーキングが普及することになった。そうした状況のもとで，人事上の基準として職務に替わり登場したのが，属人的要素であるコンピテンシーであることに注意しなければならない。

　このように，コンピテンシーとは，テイラー・システムに始まる職務細分化の崩壊を端的に示す概念であり，そうした事態に対処する具体的な管理実践である。しかし，コンピテンシーは，テイラー・システムが「一流労働者」の労働内容を研究し，客観化・標準化することにより，一般の労働者を統制するこ

とに利用したのと同様に,高業績者の行動特性を研究し,客観化・標準化することにより,一般の労働者のみならず,ホワイトカラー労働者,さらにはエグゼクティブまでをも統制することに利用している,ということにも注意しなければならない。コンピテンシーとは,「テイラー主義」のいっそうの展開という側面をもつことを指摘せざるを得ない。

(2) 「職能資格制度」とコンピテンシー

コンピテンシーは,1970年代よりわが国の企業で普及している「職能資格制度」にきわめて類似するものである。1970年代から1980年代にかけて,アメリカの企業は,「日本的経営」を批判的に摂取したといわれているが,この「職能資格制度」を摂取したか否かについは,断定するだけの資料がない。ここでは,相違する点を指摘するにとどめたい。

「職能資格制度」の職能とは職務遂行能力であるが,潜在的な能力の保有状態を意味するものであり,コンピテンシーの場合の顕在化した発揮能力と大きな違いがある。それゆえ,きわめて精緻につくられているとされる「職能資格制度」であるが,以上に見るように,発揮している能力ではなく,潜在的な能力が基準であることにより,勤務年数や職場経験などの年功的要素が,安易にその運用上の基準となるところに,この制度のもつ大きな欠陥があると考えられている。そこで,業績の評価などにコンピテンシーを利用するなど,「職能資格制度」を補完するためにコンピテンシーを部分的に活用するという例が増える可能性がある。しかし,マッケナとビーチが指摘しているように,コンピテンシー・アプローチには,これまで留保が表明されてきている。それは,職務全体に関係する能力を一般化した能力ではなく,焦点を職務とは別のものに当ててきたからであり,組織の利益となるスキルの修得のプロセスやスキルの変化の複雑さに注意を払っていなかったので,個々人のコンピタンスの向上が,組織の業績の上昇に結びつくかどうか疑問がもたれている,ということにも注意しなければならない[5]。

第3章 コンピテンシー・ベースド・マネジメント

(注)

1) H. Münsterberg, *The Psychology of Industrial Efficiency,* Houghton Mifflin, 1913.
2) D. C. McClelland, *The Achieving Society,* Van Nostrand Company, Inc., 1961.
3) D. D. Dubois (ed.), *The Competency Casebook — Twelve Studies in Competency — Based Performance Improvement —,* HRD Press & International Society for Performance Improvement, 1998, pp. 145-156.
4) A. D. Lucia and R. Lepsinger, *The Art and Science of Competency Models — Pinpointing Critical Success Factors in Organizations —,* Jossey-Bass／Pfeiffer, 1999. pp. 21-48. and pp. 113-142.
5) E. McKenna and N. Beech, *The Essence of Human Resource Management,* Prentice Hall, 1995, p. 162. 伊藤健市・田中和雄監訳『ヒューマン・リソース・マネジメント』税務経理協会, 2000年, 198ページ。

＜参考文献＞

[1] 本寺大志『コンピテンシー・マネジメント』日経連出版, 2000年。
[2] 太田隆次『アメリカを救った人事革命 コンピテンシー』経営書院, 1999年。
[3] ウイリアム・マーサー社『競争優位を生み出す戦略人材マネジメント』東洋経済新報社, 1999年。

(田中　和雄)

第4章　教育訓練とヒューマン・リソース・マネジメント
―アメリカン・エキスプレス社のコンピテンシー・モデル―

　HRMは，従業員を基本的に「資産」・「未開発な能力の宝庫」と見なす。しかも，減価償却によって価値が下がっていく通常の資産と違い，未開発な能力の宝庫である従業員は，うまく活用することでその価値は上がっていく。教育訓練は，「実務経験のない新人を一人前に育て上げ，企業ニーズの変化に適用できるように助ける手段を提供」[1]することで，これまでの雇用関係のなかで重要な地位を占めてきた。この章では，アメリカ企業における教育訓練の動向を，ここ数年顕著な動きとなっているエンプロイヤビリティ（employability，雇用されうる能力）からではなく，教育訓練費の削減・変動費化から考察することで今日的なHRMの特徴に迫る。

1　教育訓練費の動向

　1980～90年代の雇用関係を，それまでの内部市場型のオールドディールに対し，市場原理に基づく交渉で決定されるニューディールと位置づけるキャペリ（Peter Cappelli）は，旧来の雇用システムは終焉を迎え，そのなかに組み込まれていた従業員は危機的状況にあるとする。それは，具体的には雇用保障の低下，内部人材育成の縮小，従業員が被るリスクの増大といった諸点に現れてくる。問題を教育訓練に限定すれば，「企業側が社員に最も強く求めているのはスキルである。だからといって必要となるスキルの明確化やスキル開発に対して企業側は責任を負わない。これらについては社員の責任」[2]で行わせるのがニューディールである。企業は，手段や機会を提供することでスキル開発を支援するが，長期にわたる投資やそれを義務化されることには抵抗するのである。この

点をキャペリは，現代企業は社内で従業員の教育訓練を行うという力量も意向も持ち合わせていないと指摘している[3]。彼のこの主張が正しいとすれば，それは教育訓練にどういった影響を及ぼしているのであろうか。

まず，アメリカ企業における教育訓練の変化をそこへの投資額から見てみよう。一般に，昨今の急激な技術革新——ＩＴ革命とも称される——のもとでの知識・スキルの習得要請は，教育訓練に対する投資を増大させると考えられる。だが，キャペリによると，投資額は増大しているものの，増加傾向にある従業員数を顧慮すれば１人当たりの金額は減少している[4]。また，彼が引用している調査は，「1990～1995年において，雇い主の教育訓練負担は35～54歳というプライム・エイジ層では若干上昇しているものの，それ以外の年齢層ではすべて減少」[5]したことを明らかにしている。つまり，従業員１人当たりの教育訓練費は，プライム・エイジ層で若干増加している以外は減少しているのである。

ここから２つの疑問が生じる。１つは，プライム・エイジ層を挟む年齢層ではなぜ減少しているのか。同層より上の年齢層ではその知識・スキルのレベルが一定の水準に達していることや退職期までの残存期間が短いといったことが要因であろう。だが，なぜ同層より下の年齢層でも減少しているのであろうか。別の調査は，1983年と比べて1991年には，新入社員も勤続10年未満の社員も教育訓練の実施件数に大きな変化はなく，実施期間が減少したことを挙げている[6]。だが，これが主たる要因であろうか。

もう１つの疑問は，なぜプライム・エイジ層での負担増がわずかであったのかという点である。この層は，企業の中核労働力を構成し，もっとも「企業ニーズの変化に適用」することが求められるはずである。実際，先の調査でも現在の職務で要求されるスキルの向上を意図する教育訓練件数は増加している[7]。なぜ件数の増加が費用の増加と結びつかないのであろうか。

本章では，以上の疑問をエンプロイヤビリティへの移行といった教育訓練の比重の変化からではなく，①教育訓練費の削減・変動費化，そして②教育訓練のコンピテンシー化，という２つの点から考えてみたい。

第4章　教育訓練とヒューマン・リソース・マネジメント

2　教育訓練費の削減・変動費化

教育訓練費の削減・変動費化を示す事例は多い。ここでは，一企業レベルと多企業レベルに区別して考える。前者には労働組合と協力した取り組みという動向も含まれるが，それは後者の側面と併せて教育訓練の連携化・協同化・共有化として取り上げる。

(1)　教育訓練費の削減・変動費化

　まず，伝統的な教育訓練をより効率的な方法で提供することで削減・変動費化した事例から見てゆこう。メリルリンチ社 (Merrill Lynch) は，ＩＴ要員向けの多種多様なプログラムを標準化やモジュール化によって効率化している[8]。また，1991年にＡＴ＆Ｔは，ダウンサイジングに対応して，余剰人員を社内で活用する臨時社員の予備軍としてプールするリソース・リンク (Resource Link) というプログラムを始めた。その登録者の40％は，特定分野のスキルを向上させたり職務経験の充実を図ることを目的とした現行の社員で，彼らはスキルの陳腐化を防いでいる[9]。このＡＴ＆Ｔとよく似た試みであるインテル社 (Intel) の再教育プログラムは興味深い。急速な技術革新下で社内に仕事のなくなった同社従業員は，このプログラムのもとで4か月という猶予期間内に新たな仕事を見つけ出さねばならない。1990年代初頭の数値であるが，この再教育プログラムに参加した者のうち，同社で新しい仕事を見つけて雇用継続できたのは86％であった[10]。教育訓練がかえって従業員の選別に貢献しているのである。

　次に，教育訓練費の一部を従業員に転嫁することで削減・変動費化する動きを取り上げておこう。この場合，アメリカの公正労働基準法 (Fair Labor Standard Act) が制約条件となっている。同法は，雇い主が教育訓練費を負担し，教育訓練中の賃金を支払うことを義務づけている。そこで企業は，さまざまな方策でこの法的規制をかわそうとする。採用前に一定の教育訓練プログラムの履修を求めるケースがこれである。その場合，コミュニティー・カレッジがそ

ういった機会を提供している。その履修者の4分の1はすでに学位を取得してフルタイムの仕事についており、履修している科目はこれまでは社内の教育訓練プログラムで提供されていたチームワーク・TQMプログラム（総合的品質管理）・情報システムなどに関連したものである[11]。こういった企業の意向を受けて、大学院教育が汎用性から個別・特殊性へと移行している事例もある。それは、経営大学院の経営幹部教育プログラムの過半数が公開プログラムではなく特定の企業向けプログラムであるウォートン・スクール（Wharton School）に見られる[12]。

教育訓練費の費目を変更して削減・変動費化する方法もとられている。多くの企業が自社外の教育訓練プログラムの履修費用をベネフィット（給付）として提供し、教育訓練予算ではなく福利厚生部門が管理している。そこでは、雇い主が履修科目の授業料の一部あるいは全部を負担するが、就業時間中に出席することは認めず、また履修科目も指定する。企業の意図する教育訓練を履修させるとともに、その時間に支払う賃金を節約し、さらにこれまでの福利厚生費の使途変更で二重に節約しているのである[13]。

最後に、派遣社員の活用によってこれまでの新入社員向け教育訓練が不要にできることでコストを削減する方法である。たとえば、派遣大手のマンパワー社（Manpower）は、1980年代初めにコンピュータに基づく教育訓練システムの研究・開発に投資し、自社内で開発した教育訓練プログラムを市場化するのに成功した。それは、IBMの顧客との間で教育訓練プログラムの設計という新たなビジネスチャンスを提供した[14]。マンパワー社はIBMの新しいシステムを他社に先駆けて導入することで自社従業員の教育訓練を実施し、IBMの顧客企業に社内で育成するよりも派遣社員を活用した方がコスト的に有利な状況を出現せしめたのである。こういった事例はIT関連で多く見受けられる。

(2) 教育訓練の連携化・協同化・共有化

1）ティーチングからラーニングへ

現在、教育訓練の考え方が、必要な知識やスキルを教え込むティーチング

第4章　教育訓練とヒューマン・リソース・マネジメント

(teaching) から，自発的かつ自己責任のもとで学ぶラーニング (learning) へと大きく転換している。その背景には，①組織の付加価値生産が個人に依存し，その結果個人の能力・力量が企業の競争力を規定する大きな要因となっていること，②自己の判断による問題発見・解決行動が必要とされる自己責任型社会の台頭，そして③何よりもそれらを教育訓練費の削減・変動費化のなかで遂行すること，が挙げられよう。

　このラーニング型の教育訓練を代表するのはeラーニング (electric learning) である。それは大きくＣＢＴ (Computer Based Training) とＴＢＴ (Technology Based Training) に分けられる。前者がＣＤ－ＲＯＭなどを使う自習型であるのに対し，後者は社内ネットワーク，インターネット，衛星通信などを利用する自習型と旧来の集合研修型 (ティーチング) の中間に位置する。ＴＢＴの代表がネットワークを活用するＷＢＴ (Web Based Training，ＩＢＴ (Internet Based Training) と呼ばれることもある) であり，eラーニングとはこのＷＢＴを指す。

　eラーニングは，旧来のものに比べてコストと時間を節約できる。ＴＢＴの投資収益率 (ＲＯＩ) を評価した *Maltimedia & Training Newsletter* 誌の編集者ブランドン・ホール (Brondon Hall) は，「教室での教育訓練より時間とコストで約50％削減されている」15) としている。また，一人当たりの交通費・宿泊費の節約は350ドルとの試算もある16)。さらに，①電子メールやチャットの双方向性の活用や能力レベル・学習ペースに応じた個人別メニューの選択による個別対応，②教育効果のチェックが一元的かつ瞬時に可能なこと，③複数の人間が一堂に会して行う研修に伴う場所的制約がないこと，④グローバルに展開している場合はもちろん国内展開にもある地理的制約がないこと，⑤学習方法の教授によって必要な時に必要な内容を学ぶこと (JITT, just in time training) で時間的制約がなくなること，といった特徴をもっている。こういった特徴から，今後ＷＴＢは企業大学 (corporate university) の中心的なカリキュラムを提供すると予測されている。Corporate University Xchange, Inc.の調査によると，企業大学のある120社では，2003年までに75％の教育をイントラネット，通信衛星，インターネット，ビデオ，ＣＤ－ＲＯＭで提供するとのことである17)。

eラーニングには，ヒューレット・パッカード社 (Hewlett-Packard) の「バーチャルチーム (受講生がどこにいても同じ環境を提供する仮装教室)」[18]といった先駆的な事例もある。だがここでは，現下のＷＢＴを特徴づける動向をその連携化・協同化・共有化という別の視点から取り上げておきたい。

2）教育訓練の連携化・協同化・共有化

以上の変化は，教育訓練の連携化・協同化・共有化をもたらした。それは，インターネットなどを通して，より低いコストでより豊富な教育訓練を提供しようとするものである。ここでは，現下の動向を２つのレベルで確認しておきたい。

１つは，労使間での連携化・協同化・共有化である。教育訓練に対する労使のパートナーシップは，1970年代後半の自動車産業，1986年のＡＴ＆ＴのAlliance for Growth and Development, Inc.（組合員，レイオフの危険のある人，辞めて３年以内の人を対象に，教室での講義，インターネットでの遠隔教育を提供。年間400ドルを上限に授業料の支援）[19]があったが，現在はより進化したものとなっている。その代表事例の１つが，国際機械工・航空機工組合 (International Association of Machinist and Aerospace Workers) とパートナシップ (Quality Through Training Partnership) を組むボーイング社 (Boeing) である。両者は，1997年にキャリア開発に関するサイトを立ち上げ，「ボーイング社の現従業員の他に，レイオフされた従業員もアクセスでき，さまざまなキャリア開発のための訓練や，再就職のための訓練」[20]を提供している。こういった取り組みは，サンフランシスコ地域で12のホテルと新人教育訓練プログラムの財源について交渉している国際ホテル・レストラン従業員組合 (Hotel Employees and Restaurant Employees International Union) にも見られる[21]。

もう１つは，企業間の連携化・協同化・共有化である。それは，インターネット上のコンソーシアム（連合体）による教育訓練の新たな取り組みである。その最初の試みは，1996年にオハイオ州トレドで設立された LearnShare (ＬＳ) である。発足当時の９社から，現在では13社（３Ｍ，シェブロン，ディアー (Deere)，イートン (Eaton)，ＧＭ，リーバイストラウス，モトローラ，ノースウェスタン航

第4章　教育訓練とヒューマン・リソース・マネジメント

空，オーウェンス・コーニング（Owens Corning），オーウェンス・イリノイ（Owens-Illinois），ピルキングトン（Pilkington），ファイザー，ヴェリゾン（Verizon））が設立会員となっている[22]。この13社は，各業界を代表するフォーチュン500社で，同じ業界で競合する企業は会員となっていない。また，オハイオ州立大をはじめとして3つの大学が関係している[23]。その創立者であるオーウェンス・コーニング社のコリー（Rick Corry）は，異業種企業が同じような教育訓練ニーズをもっているのに，各社が個々に投資し，その結果教育訓練費を増大させているとしてコンソーシアムを発想した。ＬＳは，「メンバー企業が特定の教育訓練を必要とした時に，他のメンバー企業が既に開発していれば共有」すると同時に，「メンバー企業が自ら提案して，独自にもつ紙ベースの教育資源を会員同士がインターネット上で共有できるよう変換」したのである[24]。

　当初，設立会員は自社内で開発した教育訓練プログラムの共有を渋っていたが，現在ではデータベース化され，会員企業はＬＳのウェブサイトを利用してプログラムをダウンロードし，自社用にカスタマイズして活用している。ＬＳのジェネラル・マネジャーのグッド（Christine Good）は，「もはや自社で教育訓練プログラムを構築しないであろう。なぜなら，それは非常に労働集約的で，機会が極端に限定されるからである」[25]と述べている。この連携化・協同化・共有化で教育訓練費を削減しているのである[26]。このＬＳを利用している会員企業の従業員は約200万人である[27]。彼らは，ＬＳのサイトを通して，ＴＨＩＮＱ（http://learning.thinq.com）の学習センターにアクセスできる。このＴＨＩＮＱは，インターネット上でeラーニングを提供する組織であり，ボーイング社，コダック社（Kodak）といったアメリカ企業の他，ソニー，フォルクスワーゲン社（Volkswagen），ユニオン・カーバイド社（Union Carbide）といったアメリカ以外の企業，そしてハーヴァード大学（Harvard University）といった教育機関もその顧客企業（200社以上）に名を連ねている。また，ＷＢＴであるQuicKnowledgeの提供する教育訓練コースを1年7.55ドルで受講できる。QuicKnowledgeの特徴は，生きた知識（working knowledge）を非常に短期間（30～40分以内）で学べること，まさにジャスト・イン・タイムで，ジャスト・イナ

79

フな教育訓練を提供することにある[28]。

3 コンピテンシー・モデルと教育訓練

(1) コンピテンシー・モデルと教育訓練

　現代企業にとって，付加価値生産が依存する個人の能力を高め，そういった個人に高い業績を上げ続けさせることがこれまで以上に重要となっている。しかし，そういった能力を従業員がもっているかどうかを判断するのは非常に難しい。というのも，高い業績を上げうる能力は，ビジネスによっても，また同じビジネスでもそこでの特定の役割や職務によって異なっているからである。

　この点で，最近注目されているのが第3章でも取り上げられているコンピテンシー（competency）である。コンピテンシーとは，高い業績に結びつく能力・行動特性のことであるが，ここでは教育訓練との関連から，1995年に南アフリカのヨハネスバーグで開催された会議出席者の間で合意を見た，「ある人の職務（役割あるいは責任）の大部分に影響を与え，職務上の業績と関係し，十分に認知された基準と対比することで測定でき，そして教育訓練と能力開発によって改善できる，関連した知識，スキル，態度の集まり」[29]と定義しておきたい（ここでは態度となっているが，性格・特性とされる場合も多い）。また，コンピテンシー・モデルとは，こういった知識，スキル，態度の組み合わせのことである。コンピテンシーは，職務上の良好な業績に必要とされる知識，スキル，態度を企業内の職務ごとに識別するのを支援し，コンピテンシー・モデルはその具体像を提供してくれるのである。

　このコンピテンシー・モデルは，教育訓練でどういった役割を演じているのであろうか。それは，「満足できる業績レベルを持続するために開発されねばならない行動とスキルのリストを提供」[30]してくれる。同じかあるいはより高い生産性を維持するためには，それに必要な知識，スキル，態度をもっていることが必要である。従業員は，それぞれのギャップ（必要な知識，スキル，態度と本人のそれらとの差）を当然のことながら個人レベルで知ることが可能となる。

一方企業にとっては、教育訓練費の効率化が図れるが、個人別メニューが必要となることから、これまでのような集合的・画一的な方法はとれなくなる。さらに、今日のような変化・スピードの時代にあっては、職務とそれに必要な知識、スキル、態度は不安定である。この点で、コンピテンシー・モデルは、将来必要となる知識、スキル、態度を正確に判断するツールを提供してくれる。最後に、コンピテンシー・モデルは、個人の行動を企業の戦略、文化、価値に合わさせる効率的な方法も提供してくれる[31]。

コンピテンシー・モデルと教育訓練との関係はどのように理解されているのであろうか。ここでは4つの点を指摘しておきたい。1つは、先に見たギャップを明確化できることで、それを埋めるための最良の意思決定が可能となる。2つには、企業の戦略方向を示し、企業目標の達成に必要な文化を維持・発展させるため、将来に向けた教育訓練プログラムの開発が必要かどうかを意思決定できる。3つには、業績にもっとも影響を与えている教育訓練プログラムと職務で必要とされない行動に関係する教育訓練プログラムを差別化することで、教育訓練の焦点を明確にできる。最後に、コーチングの基準を上司にはっきりと示すことができる[32]。

(2) アメリカン・エキスプレス社の教育訓練

以上の点を、アメリカン・エキスプレス社（American Express, AE社）を事例に具体的に考察しておこう。

HRMのもとでのマネジャーの役割は、部下の人的資源の開発にある。そこでは、部下の教育訓練を効率的に行う優秀なトレーナーをいかに育成するかが重要だが、誰もが優秀なトレーナーになれるわけではない。AE社の事例は、コンピテンシー・モデルを活用することで、現場のマネジャーから優秀なトレーナーとなる資質のある者を選抜し、彼らによって教育訓練を改善することでコスト削減・変動費化しただけでなく、マネジャー自身の人材育成にも繋がることを示す事例である。

1995年に学習効率化センター（Center for Learning Effectiveness, CLE）が設

置されるまで，ＡＥ社の教育訓練は分散的で，各事業単位が教育訓練機能をもち，教育訓練の90％は３日間の講義形式で行われていた。それは，専任の社内トレーナーか，あるいは外部の教育コンサルタント会社によって提供されていた[33]。また，社内の基準がないという状況下で教育訓練コースの設計やトレーナー資格が社外ベンダーに委託されていたため，コース内容の重複が最高で60％に達し，膨大なコスト負担を強いるものとなっていた。そして何よりも，「ラインマネジャーが教育訓練プロセスに積極的にかかわっていなかった」[34]のである。ＣＬＥは，こういった状況のなかで，社内の専任トレーナーを40％削減し[35]，それに代わってラインマネジャー，外部契約者，社内の他のＨＲＭの専門家をトレーナーとして活用するプランを作成・実行した[36]。次に，他社なら１年かかる高レベルでグローバルな契約トレーナー・ネットワークを８か月で構築した。その目的は，これまで利用してきた最高の教育コンサルタント会社と同レベルの教育訓練を約３分の１のコストで実施することにあった[37]。こういった教育訓練の下請ネットワークの構築によって，ＡＥ社は「教育コストを固定費から変動費に変更できた」[38]のである。

　ここで問題となったのは，トレーナーの中心となるラインマネジャーをどのように選抜するかであった。ＣＬＥが採用したのは，トレーナーのコンピテンシー・モデルであった。ＣＬＥは，社内のコンピテンシー・モデル開発グループと協力し，特定の職務あるいは役割で成功するための行動プロフィールだけでなく，「当社の戦略的方向，ビジネス上での大きな挑戦，企業文化，組織ダイナミックス」[39]を反映するモデルを作成している。そこでは，仕事上で成功する行動に関係して，被面接者が行い，考え，語り，感じたことに焦点を当てた構成的面接（あらかじめ用意された質問に基づく，質問内容を限定して行う面接）が実施された。さらに，スキルだけでなく性格や対人関係能力も洗い出された。こういった諸活動に要した期間は４週間であった。そこで収集されたデータからコンピテンシーが確認され，ラインマネジャーの選抜や能力開発に関する意思決定に活用されたのである。

　以上のプロセスを指導したＡＥ社の学習デザイン・コンサルタントは，「モ

第4章 教育訓練とヒューマン・リソース・マネジメント

デルの開発とその応用はまだ始まったばかりだが,高レベルでコスト効率のいい教育訓練の可能性を生み,より戦略的で計画性に富んだ方法を可能とする際にモデルがもつ潜在的なインパクトに興奮している」[40]と評価していた。また,ラインマネジャーも,トレーナーとして受けた教育訓練が自身の職務遂行にも貴重な経験であったとしている[41]。そして何よりも,「もっとも重要なことだが,教育訓練コース参加者はトレーナーに高い評価を与え,その満足度も著しく増大していた」[42]のである。

4　小　　　結

　以上のようなアメリカ企業の教育訓練を取り巻く状況は労働者にどういった影響を及ぼすのであろうか。現代の労働者は,一言でいえば,これまでの「未開発な資源」の育成・開発を意図していたHRMとは根本的に異なった今日的なHRMのもとに置かれることになる。ここでは2点指摘しておきたい。

　1つは,本章で取り上げたインテル社の再教育プログラムを同社の最高執行責任者が「会社の責任であり,同時に長期的にはわれわれにとっても大きな利益になる大切なものです。わが社にはすばらしい人間がおり,ここで働きつづけてもらいたいのです」[43]と捉えていることに端的に示されている。再教育プログラムは何も従業員の雇用を保障しているわけではなく,「新しい技能の取得はあなた方の責任」[44]と人事担当者が語るように雇用継続は技能を取得したかどうかにかかっており,それは本人の自己責任であるとしているのである。この自己責任の方向はエンプロイヤビリティ概念の活用とともに今後も継続していくであろう。そのためのインフラはeラーニングで提供されている。

　もう1つは,コンピテンシー概念の活用から出てくることで,教育訓練の個別化の徹底である。コンピテンシー・モデルとのギャップを埋めるには個人別の教育訓練メニューが必要なことはいうまでもない。それは,これまでの集合研修的・画一的な教育訓練ニーズを減退させ,各個人のニーズに適った教育訓練の構築を可能とする。この個別化は差別化でもある。個人の行動を企業の戦

略，文化，価値に合わせるのがコンピテンシーに基づくＨＲＭであるなら，それは合わせられない者の排除もその機能としてもつことになる。トレーナーとしてのラインマネジャーの育成に力点を変更したＡＥ社の試みは，彼らの権限の強化であり，その権限を人事部門を経由することなくスピーディに行使できるようにすることを目的とするものと受け止めねばならないであろう。

(注)

1) P.Cappelli, *The New Deal at Work,* Harvard Business School Press, 1999, p.152. 若山由美訳『雇用の未来』日本経済新聞社，2001年，220ページ（ただし，訳文通りではない。以下同様）。
2) *Ibid.*, p.28. 同上邦訳書，53ページ。
3) *Ibid.*, p.198. 同上邦訳書，281ページ。
4) *Ibid.*, p.152. 同上邦訳書，221ページ。
5) Bassi et al., *ASTD Training Data Book,* 1996. (P.Cappelli, *op.cit.* p.152. 同上邦訳書，221ページ。)
6)7) J.M.Constantine and D.Neumark, *Training and the Growth of Wage Inequality,* 1994. (P.Cappelli, *op.cit.* p.152. 同上邦訳書，221ページ。)
8) P.Cappelli, *op.cit.* p.204. 同上邦訳書，290ページ。
9) *Ibid.*, p.202. 同上邦訳書，287ページ。
10) New York Times Company, *The Downsizing of America,* 1996. 矢作弘訳『ダウンサイジング・オブ・アメリカ』日本経済新聞社，1996，226ページ。
11) *Ibid.*, p.206. 同上邦訳書，293ページ。
12) *Ibid.*, p.203. 同上邦訳書，289ページ。
13) *Ibid.*, p.205. 同上邦訳書，292ページ。これは，わが国の福利厚生費のカフェテリアプラン化にも見られる動向である（さしあたり，伊藤健市「企業福祉の再編成とカフェテリアプラン」（原田・安井・黒田編『新・日本的経営と労務管理』ミネルヴァ書房，2000年）を参照のこと）。
14) P.Cappelli, *op.cit.* p.207. 前掲邦訳書，295ページ。
15) B.Roberts, "Training via the Desktop://," *HRMagazine,* 43-9(August 1998), p.99.
16) *Ibid.*, p.102.
17)18) 雇用・能力開発機構『米国に於ける新規事業による雇用創出に関する調査研究』日経連国際協力センター，2000年3月，35〜36ページ。
19) 同上書，50ページ。
20) 同上書，36ページ。
21) P.Cappelli, *op.cit.* p.203. 前掲邦訳書，288ページ。
22)23) http://www.learnshare.com.

第4章　教育訓練とヒューマン・リソース・マネジメント

24)　雇用・能力開発機構，前掲書，37ページ。
25)　http://learning.thinq.com.
26)27)　http://www.learnshare.com.
28)　http://www.quicknowledge.com
29)　A.D.Lucia and R.Lepsinger, *The Art and Science of Competency Models,* Jossey−Bass／Pfeiffer, 1999, p.5.
30)　*Ibid.*, p.9.
31)　*Ibid.*, pp.13−14.
32)　*Ibid.*, pp.26−29.
33)34)35)　Carmen Hegge−Kleiser, "A Competency−Based Approach to Training Delivery," Davod D.DuBois, ed., *The Competency Casebook,* HRD Press, 1998, p.223.
36)　*Ibid.*, p.p.223−224.
37)　*Ibid.*, p.224.
38)　*Ibid.*, p.p.224−225.
39)　*Ibid.*, p.225.
40)41)42)　*Ibid.*, p.242.
43)44)　New York Times Company, *op.cit.*, 1996. 前掲邦訳書，226ページ。

（伊藤　健市）

第5章　ＡＴ＆Ｔのリストラクチャリングと
　　　　　ヒューマン・リソース・マネジメント

　2000年10月，世界の情報通信産業に衝撃が走った。ＡＴ＆Ｔ（American Telephone and Telegraph Co.）が，米国内通信事業の４分割計画を発表するとともに，その翌年には国際通信事業でのBritish Telecom（ＢＴ）との国際合弁事業コンサート（Concert）の解消を打ち出した。この４分割計画によりＡＴ＆Ｔは，約１世紀以前の発足当初（1885年）の「一長距離通信会社"a long distance company"」に回帰することとなる。本章では，ＡＴ＆Ｔの経営構造の再構築，いわゆる「リストラクチャリング」（restructuring）が雇用システムをはじめとするＨＲＭさらに内部労働市場に与えた影響について見ることとする。

1　ＡＴ＆Ｔのリストラクチャリングの展開

　ＡＴ＆Ｔは，これまで大きく３度のリストラクチャリングを経験している（図表５−１）。
　第１回目は，1982年の司法省との修正同意審決（Modification of Final Judgement of 1956：ＭＦＪ）に基づく1984年企業分割である。司法省による第２回反トラスト訴訟（1974年）に対してＡＴ＆Ｔは，1956年同意審決を修正し，主要22電話運営会社（Bell Operating Company：BOCs）の株式を手放し，市内・地域電話事業を分離する代わりに電話機器・システムの製造・販売を担うウエスタン・エレクトリック社（Western Electric Co.）および研究開発を担うベル電話研究所（Bell Telephone Laboratories）を統合し，これまでの長距離通信に加え従来制限されていたデータ通信，国際通信に進出することとなった。ＭＦＪ体制下の通信の競争導入および通信とコンピュータとの結合によるデータ通信の普及に対応して，ＡＴ＆Ｔは分割以前の国内公衆電話の「規制下の独占」から国際・長距

図表5－1　1984年企業分割後のAT＆Tのリストラクチャリングの展開とダウンサイジング

会長・CEO　｜―C.L.Brown(79.2～86.9)―｜―J.E.Olson(86.9～88.4)―｜―R.E.Allen(88.4～97.10)―｜―C.M.Armstrong(97.10～)―｜
国際通信事業　　　　　　　　　　　　　　　　　　　　　　　　　＜ワールドパートナーズ(92～99)＞　　＜コンソーシアム(2000～2002)＞

```
         ┌──────────────┐        ┌──────────────┐        ┌──────────────┐
         │ AT＆T        │        │ AT＆T        │        │ AT＆Tコンシューマー│
         │（長距離電話サービス）│        │（通信サービス）│        │（個人向け通信サービス）│
         │ Western Electric│        │              │        ├──────────────┤
         │（電話機器製造）│        │              │        │ AT＆Tビジネス  │
         │ ベル電話研究所│        │              │        │（企業向け通信サービス）│
         │（研究・開発）│        │              │        └──────────────┘
         │ ベル電話会社 │        │              │
         │（地域電話サービス）│  ←―(NCR)         │  ←―(TCI)  ┌──────────────┐
         │【ベル・システム】│        │              │        │ AT＆Tワイヤレス│
         └──────────────┘        └──────────────┘        │（携帯電話）  │
             (1984年企業分割)                              ├──────────────┤
                ↓                                         │ AT＆Tブロードバンド│
         ┌──────────────┐  [Lucent]                       │（CATV、広帯域通信）│
         │ AT＆T         │ （通信機器）                    └──────────────┘
         │（通信サービス、│ [NCR]                           (2000年4分割)
         │ ネットワーク、│ （コンピュータ）
         │ コンピュータ） │
         ├──────────────┤
         │ 7 RBOCs       │
         │（地域通信サービス）│
         └──────────────┘
              (3分割)                     (マッコーセルラー)      (4分割)
```

AT＆Tの従業員数の推移

```
万人
100 ┤104万人
 80 ┤╲
    │ ╲╲╲
 50 ┤
 40 ┤  37.3
    │       30.3    31.7  30.4
 30 ┤          28.3        29.9
    │                              12.8    10.7
 20 ┤                          (NCRとの合併)     165
    │                         (1996年3分割)  TCI、メディアワン合併
 10 ┤                                            7.8万人
    │
  0 └────┬────┬────┬────┬────┬────┬────┬────┬────┬────┬─
     80   82   84   86   88   90   92   94   96   98  2000 2001
                              修正同意審決            電気通信法
                                        NII構想
  年次
```

注）84年〜90年は、AT＆Tの国内従業員数。91年〜95年は、AT＆TとNCRと合わせた従業員数。
96年以後は3分割後のAT＆Tの従業員数。2001年は4分割計画によるAT＆Tビジネス（6万人）
とAT＆Tコンシューマー（1.8万人）の合計である。
出所）AT＆T *Annual Report*（各年）等より作成。

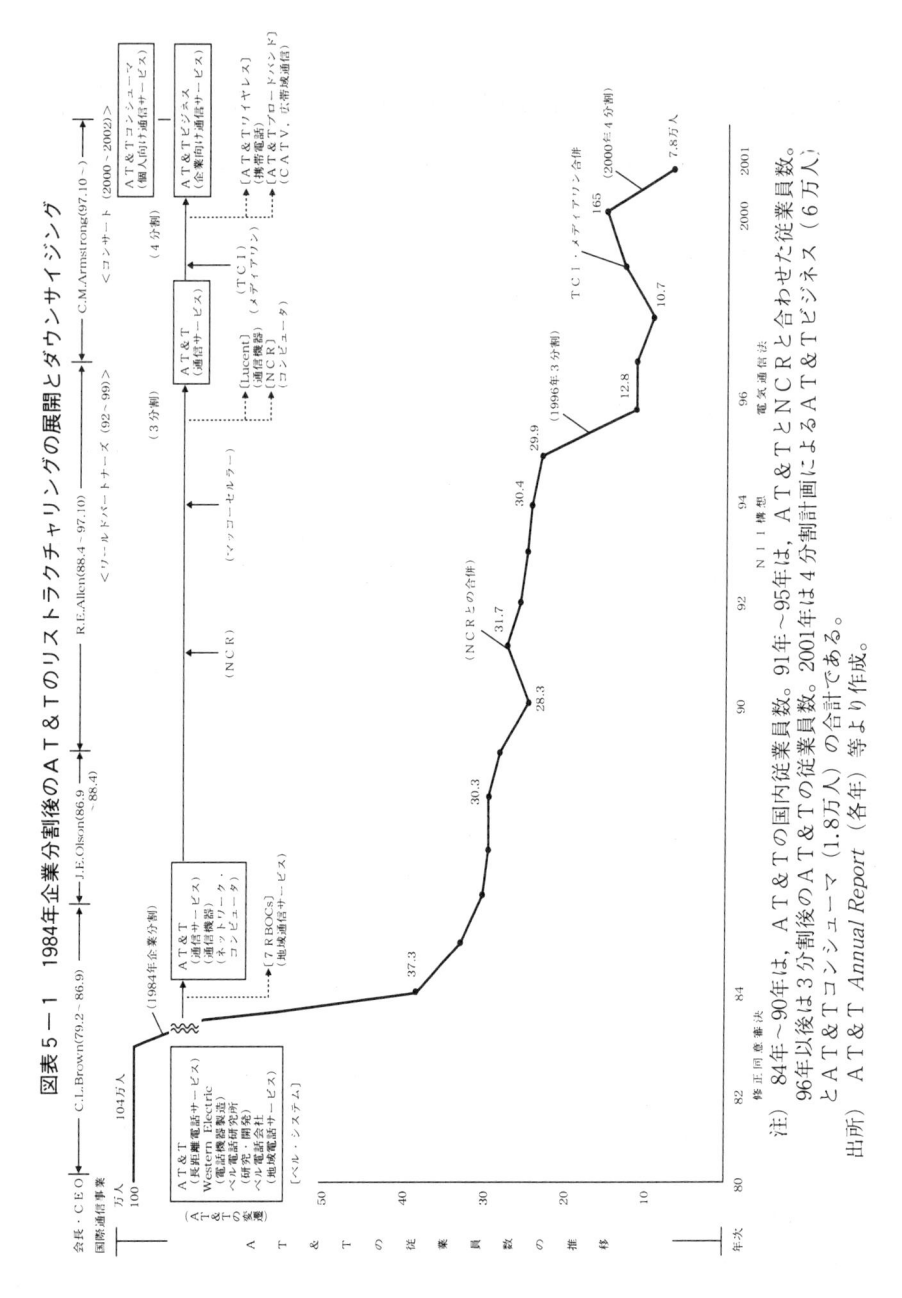

第5章 ＡＴ＆Ｔのリストラクチャリングとヒューマン・リソース・マネジメント

離通信，データ通信を中核に通信機器・システムの研究開発・製造・販売を統合した「情報通信のグローバルネットワーク企業」への再編成をめざしたのであった。

第2回目は，1996年電気通信法（Telecommunications Act of 1996）に向けての自主的なＡＴ＆Ｔ3分割である。クリントン政権の全米情報通信基盤（ＮＩＩ）構想とその法的枠組みである1996年電気通信法は，1934年通信法（Communications Act of 1934）での「通信と放送」の自由化＝相互参入のみならずＭＦＪ体制下での国際／長距離／地域・市内の通信区分を原則廃止し全面的な競争を導入した。1990年代の通信の全面的競争導入とＮＩＩ構想によるインターネットに象徴される情報通信の高度化・グローバル化に向け，ＡＴ＆Ｔはコア事業である通信事業以外の通信機器・システム製造事業(ルーセント・テクノロジーズ)およびコンピュータ事業（ＮＣＲ）さらには通信関連事業，金融・サービス業等をスピン・オフ（分離）する一方，ケーブルテレビ（ＣＡＴＶ）会社の合併・買収を通してＣＡＴＶインフラを中核とする市内／長距離／国際を一貫した「あらゆる距離の会社 "any- distance company"」をめざした。さらに国際通信では，国際コンソシアム（ワールド・パートナーズ）を再編成し，ＢＴとの戦略提携による国際通信合弁事業（コンサート）を立ち上げたのであった。

3度目の2000年の4分割計画では，ＡＴ＆Ｔは合併したばかりのＣＡＴＶ事業（ＡＴ＆Ｔブロードバンド）と成長分野の携帯電話事業（ＡＴ＆Ｔワイヤレス）をスピン・オフし，また国際通信分野でもＢＴとの国際合併事業（コンサート）を解体し，企業向け長距離通信（ＡＴ＆Ｔビジネス）を継承会社に，個人向け長距離通信（ＡＴ＆Ｔコンシューマ）をトラッキング株により資本関係を維持する "a long distance company" へと舞い戻ることとなった。

1984年企業分割以降のリストラクチャリングの結果，分割以前の約100万人を擁したＡＴ＆Ｔ（ベル・システム）の従業員は，分割後にはＢＯＣｓの分離により約37万人に，1996年の3分割でさらに約3分の1の12～13万人に，そして2000年の4分割計画で約6～8万人へと「ダウンサイジング」（downsizing）した。しかも，こうしたリストラクチャリングの展開は，自主管理チームの導入など

新たなHRMを伴い，分割以前の雇用システムと労働者や管理者の仕事とキャリアを形成するいわゆる「内部労働市場」をも大きく変貌させたのである。

2 1984年企業分割前のAT＆Tと「電話ファミリー」

いうまでもなく，1984年企業分割前のAT＆Tは，長距離電話の運営を担うと同時に地域電話を担う主要22ＢＯＣｓと電話機器の製造・購買・配給・建設を担うウエスタン・エレクトリック社，研究・開発を担うベル電話研究所を統合する親会社として電話事業の運営・製造・研究開発の垂直統合体（いわゆる「ベル・システム」）を構築し，連邦通信委員会（Federal Communications Commission：ＦＣＣ）の規制の下で，合衆国の電話機の約80％，電話事業収入の83％を占める公衆電話事業の独占（「規制下の独占」）であるとともに，従業員約100万人を擁する「地球最大の企業」[1]としても知られていた。

「規制下の独占」の下で，ＡＴ＆ＴおよびＢＯＣｓは機能別・専門別に編成された全般管理部門（法規・技術・会計・人事等）と現業部門（施設，運用，営業）という組織構造を確立し，さらに主要な現業部門は地域別に地方（area）・地域（division）・地区（district）・電話局（central office）という階層制組織を合衆国全土に張り巡らした。

企業分割前のＡＴ＆Tにおける労務政策は，伝統的なパターナリズムに基づく企業内福利厚生や年金制・従業員持ち株制，相対的に高い賃金と昇給制，管理者教育を含めた洗練された教育訓練制などのＨＲＭにより「長期雇用」（Long-term employment）や「雇用の安定」（employment security）[2]が維持される一方，一般従業員のほとんどが加入した産業別組合であるＣＷＡ（Communications Workers of America）やＩＢＥＷ（International Brotherhood of Electrical Workers）も，ＡＴ＆Tとの間で1973年以降賃金，労働時間，労働条件，年金等について全国統一方式による団体交渉を行い，「雇用の安定」と「生活の水準」の維持に影響力をもったのであった。

第5章　ＡＴ＆Ｔのリストラクチャリングとヒューマン・リソース・マネジメント

　ＡＴ＆ＴおよびＢＯＣｓの機能別組織における主要な現業部門は，おもに3つの特徴的な職務（Job）——施設（ネットワーク）部の高度な熟練工，営業部の顧客サービス，運用部の不熟練化された交換手——から構成されていた。すなわち，施設部の通信インフラである「ネットワーク」（電話局の交換機や伝送設備）は，高度な熟練労働者（highly skilled craft workers）によって建設・維持・補修された。彼らは電気工学的なスキルに基づく交換機技師や架線工，ケーブル工，据付け工や修理工などであり，労働組合の中核を担い，ベル・システムの通信インフラの全国的な拡張とともに全国に拡散した。また，営業部の顧客サービスも，顧客の質問や用件に対応するある程度の熟練を必要とし，全国数千の事務所に配置された。これに対して運用部の交換手（オペレーター）は女子労働者が多数を占め，電話の大量通話のための科学的管理（テイラー主義）と交換機の自動化によって不熟練化し，その雇用者数は減少していた。ベル・システムの非管理職種に占める割合は，1950年から1980年の間に，施設部の熟練工は24％から44％に，また営業部の顧客サービスも5.3％から11.1％に増加したのに対して，交換手は47％から16％に減少したのである[3]。

　これらは主要現業部門では，機能別に現場監督者（supervisor）まで2～4層の現場管理階層が形成され，その現場管理組織の上層にはさらに6階層からなるトップ・マネジメントに至る階層制組織があり，労働者や管理者の仕事とキャリアを形成する内部昇進制が形成されていた。入社した労働者はベル・システム内の洗練された「技能訓練（craft training）」や「監督者訓練（supervisor training）」を受けた。圧倒的多数の労働者は熟練工（クラフト）以上にはキャリア・アップせず生涯の仕事としたが，少数のものが特別の監督者訓練を受け，現場監督者・中間管理者に昇進した。大半が内部昇進者で占められたが，内部昇進や外部労働市場から採用された現場管理者の一部は，中間管理者になるためのカレッジコースや資格を取るための会社援助プログラムを活用してさらに昇進した。最高経営層のために大学教育を受けた人々が採用されたが，彼らは出世街道を進むエリートであった。ベル・システムでは，通信インフラを小さな町，都市へと全国的に拡張したこともあり，現場・中間管理層への機会が作

られ,全従業員に占める管理層の割合は1950年の13％から1980年には29％まで増加し,管理階層が肥大化し始めていたのである[4]。

こうして企業分割前の「規制下の独占」のもとで,ＡＴ＆Ｔの管理者および労働者に対する各種の教育訓練制,賃金・昇進制,年金等の福利厚生などの包括的なヒューマン・リソース・プランニングとＣＷＡを中心とする全国統一交渉という労使関係の枠組みにより,約100万のベル・システム労働者は米国でも最良の賃金による生活水準と最善の年金制度を享受し,「終身雇用の安定」(lifetime employment security) を獲得したのであった。そこでは,彼あるいは彼女は,平均年齢43歳で,ほとんどが既婚者で家をもち子供がいて,高卒またはカレッジ卒で平均勤続年数33年,転職が少なく (転職率7％),多くがＣＷＡに加盟し,定年まで同じ仕事に従事してそのうちの約1割が昇進し,退職後は豊かな年金生活を送るという「ＡＴ＆Ｔタイプ」[5] の「電話ファミリー」像も定着していた。

3　企業分割後のＡＴ＆Ｔの経営戦略と労使関係の変貌

(1)　企業分割後のＡＴ＆Ｔの経営戦略と組織構造の変化

1984年1月,ベル・システムは,ＡＴ＆Ｔ（長距離通信・電話機器製造・研究開発）と7ＲＢＯＣｓ（地域通信）に企業分割され,当時約100万人を擁した従業員もＡＴ＆Ｔの国内の37万人（世界全体では約40万人）と7ＲＢＯＣｓの約58万人に分離された。

企業分割後のＡＴ＆Ｔは,会長兼ＣＥＯのＪ.Ｒ.オルソンおよびＲ.Ｅ.アレンが「Ｃ＆Ｃ (Communication & Computer)」に基づく「グローバルネットワークにおけるリーダー」という経営ビジョンを掲げ,3つ柱の経営戦略——①コア事業である長距離通信サービスと通信機器製造・販売の強化,②コンピュータ・ネットワークをリードするためのコンピュータ事業への進出と金融サービス等の新規事業の開拓,③外国企業との提携等による海外進出——を展開し,

第5章　ＡＴ＆Ｔのリストラクチャリングとヒューマン・リソース・マネジメント

その組織構造も従来の集権的・機能別組織から市場別の分権的・機能横断的なビジネス・ユニット（Strategic Business Unit：ＳＢＵ）へと再編成されたのである[6]。

企業分割後のＡＴ＆Ｔは，合併・買収・事業分割（mergers, acquisitions & divestitures）を梃子にリストラクチャリングを展開し（図表5－2），その事業構造を大きく変えた。

①ＡＴ＆Ｔのコア事業である「通信サービスグループ」（グローバルな長距離通信サービスの提供）は事業収入の過半数を占めたが，ＭＣＩ，スプリント等との競争によりＡＴ＆Ｔのシェア（収入ベース）は1984年の90％から1990年の65％，1995年には55％まで低下した。また，もう１つのコア事業である「ネットワーク・システムズ」（ネットワーク用のソフトウェアや機器，システムインテグレーションの提供）はウエスタン・エレクトリック社を引き継ぎ世界第１位の通信機器メーカーとしてＡＴ＆Ｔの事業収入の20％を占めたが，企業分割後の自由化によりカナダのノーザン・テレコム，ドイツのジーメンス，日本電気（ＮＥＣ）等の海外メーカーがＢＯＣｓに進出し，その市場シェアは急速に低下した。

②企業分割後の新規参入分野でも，企業・政府等の大口の利用者に向けに「個々の通信システムやデータシステムを結んで，情報ネットワーク化」を図る「コンピュータ・ネットワーク」でのリーダーをめざし，ＡＴ＆Ｔは「ネットワークと結合したコンピュータ利用」を図るため開発したＯＳ（ＵＮＩＸ）を武器にコンピュータ事業に進出したが，大幅な赤字が続いた。1990年には米国第５位ＮＣＲを敵対的買収し，「ＡＴ＆Ｔグローバル・インフォメーション・ソリューションズ」（企業の顧客情報の取得・通信・利用の提供）を立ち上げたものの後にスピン・オフせざるをえないほど業績は悪化していた。

③海外展開では，ＡＴ＆Ｔは通信製品・システム輸出のみならず外国企業との提携等による現地生産（1991年，40か国30製造・技術センター等，従業員１万9,000人）や多国籍企業向けの国際通信サービスを提供する国際コンソシアム（ワールド・パートナーズ）の結成により急速にグローバル化した。1994年には輸出・現地生産・国際通信サービスによる国際収入は，ＡＴ＆Ｔ事業収入の15％，海外

図表5－2　1984年企業分割後の合併・買収・分割（M&A&D）と海外展開

	主な合併・買収・分割（M&A&D）	主な海外事業展開
1984年	AT&T　企業分割実施 AT&T Credit Corporation（融資クレジット）設立 AT&T Resource Management（融資クレジット）設立 American Transtech（株主へのサービス）設立	伊，オリベティ株式(25％)取得，販売契約 オランダ，フィリップとの合弁会社（APT）設立 ATT台湾設立
1985年	Acturarial Science Associate. Inc（従業員福利制度に関するコンサルタント）設立 AT&T Foundation（慈善活動の組織）設立 ＊　85年度，1年間で2万7,000人削減	英，100％子会社ユニックス・ヨーロッパ設立
1986年 1987年	＊　86年度，3万2,000人削減 　　（84年1月から86年末で，約8万人削減） ＊　87年度，1万3,900人削減	
1988年	Sun Microsystems（コンピュータ会社）の株式（1990年まで20％）買収 GTEとデジタル交換機の合弁事業AG Communications systems Corp.（1989年設立） Eaton Financial Corporation（事務設備向け融資会社）の買収（株式交換） U.S. Trusts Advance Information Service（融資サービス会社）の買収 ＊　管理部門2,000名を営業部門に配置転換，ネットワークオペレーションズ部門の人員削減計画	AT&Tネットワーク・システム・インターナショナルの統合（従業員5千名がAT&Tグループへ）
1989年	Paradyne Corp.（データ通信設備製造会社）の買収（2億5,000万ドル） ＊　管理職を中心とした特別希望退職制の導入（管理職1万2,500人削減）	英，専用線通信会社ISTEL買収 伊，通信システムメーカー，イタルテルの株式取得
1990年	NCRとの合弁を決定 AT&T Universal Card（クレジットカード会社）の設立 Pacific Financial Service Inc（融資会社）の2事業部門買収（4億7,700万ドル） Western Union Corporation Buisiness Service（テレックス，バケット回線等会社）買収（1億8,000万ドル）	伊，オリベティとの提携解消 オランダ，フィリップとの合弁事業終了
1991年	NCRとの合弁実施（9月，75億ドル），NCR従業員（国内2万8,000人，全世界5万人） Teradatal Corporation（高性能コンピュータ・システムの開発製造会社）の合弁（5億ドル） Sun Microsystemsの株式の売却（6億8,700万ドル）	
1992年	McCaw Celluar Communications, Inc（移動体通信会社）との提携発表（11月） ＊　CWAと新労働協約 "Worke of the Future" を締結	英ATT，ISTEL，ドイツとフランスのコンピュータ会社結成

第5章　ＡＴ＆Ｔのリストラクチャリングとヒューマン・リソース・マネジメント

1993年	子会社ＵＮＩＸ System Laboratories の株式売却（２億1,700万ドル） ＊　３万人に人員削減計画発表，旧ＮＣＲの従業員に早期退職・自発的退職提案，94年7,500人（約15％）削減予定	ワールド・パートナーズ結成
1994年	McCaw Cellular Communications, Inc の買収完了	米国外の海外従業員５万人
1995年	ＡＴ＆Ｔ Capital Corp の保有株式の売却発表（97年17億ドルで売却） ＡＴ＆Ｔの３分割（ＡＴ＆Ｔ，Luccent Technologies，ＮＣＲ）の発表（９月）	
1996年	ＡＴ＆Ｔ３分割の実施（96年末までに完了） ⇨新ＡＴ＆Ｔ（97年１月）スタート ＊　従業員の13％，４万人（管理職２万4,000人，一般従業員１万6,000人）削減計画	
1997年	ＡＴ＆Ｔ Skynet（ＡＴ＆Ｔの衛星サービス部門）の売却（７億1,250万ドル） ＡＴ＆Ｔ Submarine（海底ケーブルの建設・運営100％子会社）売却（８億5,000万ドル） ＡＴ＆Ｔ Tridom（VSATサービスの機器製造，ハブ施設等のサービス提供100％子会社）売却 ＡＴ＆Ｔ LIN Televisionの保有株式売却（７億6,500万ドル），Wood-TV株式売却 ＡＴ＆Ｔ Universal Cardのシティーコープへの売却（35億ドル） ＡＴ＆Ｔ Captialの売却（17億ドル） ＡＴ＆Ｔ Solution Customer Care（企業等へのサポートサービス）売却（６億2,500万ドル） ＡＴ＆Ｔ DirectTVの保有株式の売却（１億6,180万ドル）	
1998年	＊　１万5,000～8,000人（管理職１万～１万1,000人，一般職5,000～7,000人）削減計画 地域通信事業者 Telport Communications Group（ＴＣＧ）の買収（110億ドル） ＣＡＴＶ会社の Tele Communications Inc（ＴＣＩ）の買収発表（480億ドル） ＩＢＭのグローバル・ネットワーク事業買収発表（50億ドル）	
1999年	ＣＡＴＶ会社のタイムワーナーとの合弁事業計画発表 ＣＡＴＶ会社の Mediaone の買収（580億ドル）	ＢＴとの国際合併事業計画発表（98年12月）
2000年	ＡＴ＆Ｔ　４分割案提案 ＡＴ＆Ｔ Liberty Media（ＴＣＩのソフト部門）のスピンオフを発表	ＡＴ＆Ｔ，ＢＴとともに日本テレコムに出資 ワールド・パートナーズ解消
2001年	ＡＴ＆Ｔ Broadbanda（ＣＡＴＶ事業）をコムキャストに売却（470億ドル）合意	ＢＴとのコンサート開始（～2002年末） ＡＴ＆Ｔ，ＢＴとともに日本テレコム株式売却

出所）　ＡＴ＆Ｔ *Annual Report*（各年度）等から作成。

従業員は5万3,000人でＡＴ＆Ｔ全従業員の17％を占めるまでとなった。

(2) 企業分割後のＡＴ＆Ｔの雇用システムとＨＲＭの変化

　企業分割後のＡＴ＆Ｔのリストラクチャリングは，「規制下の独占」のもとでのベル・システムの雇用システムや労使関係を変えるとともに「参加型管理」の新たなＨＲＭの導入が試みられ，内部労働市場のあり方を大きく変貌させた。

　ＭＦＪ体制下の通信の競争激化と「通信とコンピュータ（Ｃ＆Ｃ）」による構造変化という新たな環境に対応して，ＡＴ＆Ｔは料金引き下げ・伝送品質の向上のためにネットワークのデジタル化（光ファイバー・デジタル交換機等の導入）を推進するとともに競争力強化＝コスト低廉化のため大規模な人員削減を実施した。この「仕事の縮小」（job reductions）は，再訓練・再配置，早期退職制度，特別休暇，レイオフとして展開され，分割直後2年間で約6万人弱，1990年までに全従業員の約3分の1に当たる約12万人が削減された。ＡＴ＆Ｔの従業員数は1984年の37万人から1990年の25万人に減少し，雇用システムと労使関係は大きく変化することとなった（図表5－3）。

　第1に，企業分割後のリストラクチャリングの結果，それまでのＡＴ＆Ｔの雇用システムの特質であった「雇用の安定」（employment security）が崩れ，従業員の士気が急速に低下した。分割直後に削減された5万6,000人のうち4万4,000人は一般従業員であり，1990年までに削減された約12万人もそのほとんどが施設（ネットワーク）部の熟練工，営業部の顧客サービス労働者，運用部の交換手や通信機器工場の労働者であった。この結果，ＡＴ＆Ｔ従業員のなかに「雇用の安定」から「慢性的な雇用の不安（Chronic employment insecurity）」による悲観的見通しが急速に拡大した。ＡＴ＆Ｔの内部調査によれば，1981年に会社が「仕事の安定（job security）」を提供していると感じる一般従業員は68％とそう感じないという人の8％大きく上回った。しかし1991年ではこの数字は逆転し，「仕事の安定」を感じなくなった人が73％と急増し「仕事の安定」を感じる人の14％を大きく上回り，「雇用の不安」が拡大したのであった[7]。

　第2に，一般従業員は26万人から13万人へと縮小したが，管理職は削減され

第5章　ＡＴ＆Ｔのリストラクチャリングとヒューマン・リソース・マネジメント

図表5－3　1984年企業分割後の「ベルシステム」の従業員と労働組合

A. Reginal Bell Operating Company：Employment and Unionization

	1984	1991	Employment Change 84－91	Union Membership	Union Density 1991
Ameritech	79,000	73,964	－6%	49,250	67%
Bell Atlantic	80,000	76,200	－5%	50,795	67%
Bell South	99,100	96,975	－2%	58,214	60%
NYNEX	98,200	83,514	－15%	57,000	68%
Pacific Telesis	82,000	62,532	－24%	39,327	63%
Southwestern	74,700	59,460	－20%	38,500	65%
US West	75,000	64,206	－14%	41,000	64%
Total	588,000	516,851	－12%	334,086	65%

B. AT＆T：Employment and U.S. Unionization

	Global	AT＆T NCR U.S. only	AT＆T U.S. only	AT＆T Management	AT＆T Nonmanagement	AT＆T U.S. Union	AT＆T Union Density
1984	435,000	405,000	373,000	111,432	261,568	250,000	67%
1900	328,900	281,773	253,773	115,851	137,920	140,039	46%
1992	312,700					117,000	

出所）　Jeffrey Keefe and Karen Boroff, "Telecommunications Labor－Management Relations:One Decade After the Divestiture", Paula B. Voos, Editor, *Contemporary Collective Bargaining in the Private Sector,* Industrial Relations Reserch Association, 1994, p.325.

たものの新規事業による増加もあり，結果的には1984年の11万1,000人から1990年の11万5,000人へと微増した。これにより，全従業員に占める管理者の割合は29％から46％に増加し管理層の肥大化が急速に進んだ。こうした管理層の肥大化に対して，ＡＴ＆Ｔは特別希望退職奨励など管理者の人員削減を行うとともに後に見るように自主管理チーム (self-management teams) など「参加型管理」の新たなＨＲＭを導入して管理階層の合理化を推進し始めたのである。

　第3に，リストラクチャリングによる一般従業員の激減と管理層の微増の結果，ＡＴ＆Ｔ全従業員に占める労働組合員の割合が低下し非労働組合化が進んだ。加えてＡＴ＆Ｔは組合員が多数を占めるコア事業 (通信サービス・通信機器製

造)をダウンサイジングする一方で,American TranstechやＡＴ＆Ｔ Universal Cardなど新たな非組合の事業を立ち上げたり反労働組合の会社(ParadyneやＮＣＲ)などを買収した。ＡＴ＆Ｔの組合加入者は1984年の25万人から1990年の14万人に,組合等の全従業員に占める割合は67％から46％に低下した。

　こうしたダウンサイジングによるＡＴ＆Ｔの非労働組合化,さらにはグローバル化による海外従業員の増加のもとで,1984年企業分割によりＲＢＯＣｓが全国統一交渉方式を拒否したため,1992年にはＣＷＡはＡＴ＆Ｔとの間で3年間の新しい労働協約である「未来の職場(Workplace of the Future)」を締結した。そこでは,ＣＷＡは団体交渉は基本としながらも,それを補完するものとしてＡＴ＆Ｔの「ビジネス・ユニットプログラム委員会」に参加し,この委員会への参加を通して,高品質サービスの提供,リストラやダウンサイジングの影響,参加型チームの構造・構成等における従業員の裁量を増大させることをめざしたのであった。1993年にはＩＢＥＷも同様の協定を結び,ここにＡＴ＆Ｔと2つの組合との間で「新たな労使関係の枠組み」[8]がスタートしたのであった。

　企業分割後の雇用システムと労使関係の新しい枠組みのもとで,ＡＴ＆Ｔは通信の技術革新による職種や仕事の変化に対して「参加型管理」のＨＲＭの実験を開始し,内部昇進制を大きく変化させた。すでに1980年代初頭以降の「通信とコンピュータ(Ｃ＆Ｃ)の結合」やネットワークのデジタル化は,電話のすべての職種に影響を与え労働者の仕事やスキルを変化させていたが,ＭＦＪ体制下での企業分割後の技術変化と競争の激化はその流れを加速させた[9]。

　施設部では,機能的に専門化された職種として交換機技師や架線工,ケーブル接続工,据付け工や修理工などは電気工学的スキルに基づく熟練工的性格をもっていたが,ネットワークのデジタル化(光ファイバー・デジタル交換機等)により必要とされるスキルも電気工学からコンピュータに基づくスキルにシフトした。たとえば電話局では,従来トップの熟練工であった交換機技師や修理工の仕事は減少し,電子交換機やデジタル交換機の導入により中央オフィースのコンピュータを制御・監視する少数のクラーク(clerks)に置き換わった。光ファイバーの導入は一時的に銅線を取り替える建設工の仕事を増やしたが,長期的

第5章　ＡＴ＆Ｔのリストラクチャリングとヒューマン・リソース・マネジメント

にはケーブル接続工の需要を縮小した。施設部では少数のシステムアナリストやプログラマーの仕事が作りだされたものの，熟練工の人員削減や営業部門への配置転換が実施されたのである。

運用部でも，巨大なコンピュータによる自動応答システムや音声コマンドシステムの導入は，交換手の仕事の減少や労働の単調化を進め，配置転換・人員削減を加速させた。

こうした新たな技術やリエンジニアリングによる変化に対して，「職務充実の戦略」(job enhancement strategies) としてＡＴ＆Ｔは，おもにＱＷＬ (Quality of Worklife) や自主管理チームなど「参加型管理」のＨＲＭを実験的に開始した[10]。

前者のＱＷＬは，すでに1980年にはＡＴ＆ＴとＣＷＡの間での合意に基づき労使の全国合同委員会が設置され，1981年にＱＷＬプロジェクトが開始された。そこでは教育訓練・能力開発，先任権・各種昇進，作業・職務評価，職務設計等の仕事や労働生活に影響を及ぼす意思決定への従業員参加がめざされ，1984年企業分割までに約1,000の任意のＱＷＬチームが結成され，約４万人が参加するまでとなっていた。バット (Rosemary Batt) によれば，ＱＷＬはトップダウンの「軍隊式管理」スタイルを取り除き「参加型管理」に変えることに焦点を合わせ，1980年代を通してより広範囲な従業員参加である顧客サービスの改良のためのTotal Quality (ＴＱ) プログラム (1991年開始) に道を譲った。

後者の自主管理チームの実験は，1980年代中頃から始まったが，バットによれば管理者「解雇」(managers "letting go") の新たな段階と捉えられる[11]。すなわち，自主管理チームの実験は，労働者が現場監督者の仕事や地位を奪い実質的に労働コストを削減しようとしたものであり，過度に肥大化した現場を減少させる手段として労働者や労働組合によっても支持されたとされる。たとえば，ネットワークの熟練職種では伝統的な管理下に置かれて労働者に比べて，自主管理チームの労働者は労働の割当て，道具，労働のコントロール，スケジュール，品質，安全検査などで高度なレベルまで自主性をもち，内部での学習や問題解決能力と同様に外部の専門家や管理者とも機能横断的な問題を解決する上で高いレベルを示した。また，高い仕事満足とグループ活動が示される一方，

これまでの管理者から仕事の時間を25～30％減らし，直接労働コストを大幅に節約したと評価されている。こうしたバットの評価の当否は別にしても，自主管理チームの実験は，施設部のみならず営業部の顧客サービスや運用部の交換手でも試みられており，ＡＴ＆Ｔによる職務向上と管理者の合理化のための「参加型管理」の人的資源政策への変化を示すものである。

しかし，企業分割後のＡＴ＆Ｔおいて，労働者のみならず管理者にとって最も重要な変化は，新しい内部労働市場のもとで「長期雇用」や「雇用の安定」の約束が崩れさったことである[12]。

企業分割以前のベル・システムでは，「軍隊式管理」とみなされた，厳しく統制され，機能別に専門化された組織構造のなかで，管理者は機能別サイロ (silos) の7層の梯子を駆け登り役員に昇進した。ベル・システムの管理者は，機能別に編成された階層組織で，同じ部門で特殊な技術と仕事の知識を獲得しキャリア・アップを図り，その知識や技能はベル・システム以外では利用できなく，退職する人々は引退もしくは新たな仕事のために再訓練を必要とした。

しかし，企業分割後は，従業員参加やＴＱプログラムなどの考え方（ＨＲＭ政策）が導入され，管理者の職務が，軍隊式の命令と統制という性格から「参加型管理」に変わり始めた。現場監督者や中間管理者は技術的な狭いスキルよりむしろ新しい行動が求められ，管理者訓練では教える技能より従業員との議論や組合との交渉をいかにするかといったソフト面が強調された。

現場監督者層，とくに自主管理チームが導入されたところでは，職務が変化し彼らは命令や服従よりむしろ指導や鼓舞といった「コーチ」の役割を果たし始めた。自主管理チームは，現場管理者がこれまで処理した管理の仕事を担い，問題解決や紛争解決のための責務を果たし，従業員のモラールや意思決定の改良，労働と管理の信頼関係の改善，管理階層の削減や管理範囲 (span of control) の拡大によりダウンサイジングの手段としての役割を果たした。この結果，現場管理者は削減され，彼らの仕事量は増加したのである。

中間管理層でも，機能別組織から市場別の機能横断的なＳＢＵへの組織構造の再編成により，中間管理者の職務は，狭い機能的なものからＴＱプログラム

第5章　ＡＴ＆Ｔのリストラクチャリングとヒューマン・リソース・マネジメント

にみられるサービス・品質の改良，利益の拡大，コストの削減といった広範囲で機能横断型の協同的な仕事となった。中間管理者に要求される資質も，規制下での公衆・従業員・地域に対応するためのスキルから経営・マーケティング・ＨＲＭといった方向にシフトした。管理者のための教育訓練では制度そのものに大きな変化はなかったが，中間管理層の自由裁量の拡大＝分権化によって，その内容は経営，マーケティング，産業や管理・リーダーシップ技能といった新しい分野が中心となった。そして，中間管理層や最高経営層への内部の垂直的な昇進が減少し，外部からの転職者が増加したのである[13]。

しかも，ＡＴ＆Ｔの管理層の肥大化に対する管理者を対象としたダウンサイジング＝人員削減が，1990年代には本格化し管理者の人数と階層が削減される一方で，彼らの仕事量は増加し，内部昇進を含めた移動も減少したためモラールは急速に低下したのであった。こうして「規制下の独占」のもとで確立したＡＴ＆Ｔにおける内部労働市場（技術や専門性のための持続的な訓練と，安定した仕事と生活を通しての忠誠心による垂直的なキャリアの階段）は，労働者のみならず管理者の各階層において変化し，「動揺」し始めることとなった。

4　1996年3分割後のＡＴ＆Ｔのゆくえ

1996年末にＡＴ＆Ｔは，自らの決定で3分割を実施した。ＡＴ＆Ｔがウエスタン・エレクトリック社の合併以来1世紀以上にわたり統合した通信機器・システム製造（ルーセント・テクノロジーズ）のみならず1984年企業分割後に本格参入したコンピュータ事業（ＮＣＲ）および補完的事業として新規参入した金融・レンタル事業，さらに関連事業の衛星・テレビ放送，海底ケーブルの建設・運営などを相次いでスピン・オフする一方，通信サービスをコア事業として経営資源を集中するとともに1996年電気通信法による通信の全面自由化とインターネットの需要拡大に対応してＣＡＴＶ会社を積極的にＭ＆Ａし，ＣＡＴＶインフラを中核とする市内／長距離／国際を一貫した"any-distance company"[14]をめざしたのである。

1996年の3分割以降，会長兼ＣＥＯのアームストロング (C.M.Armstrong) の新たな経営理念"any-distance company"とリストラクチャリングの展開は，結果的にはＡＴ＆Ｔの経営基盤そのものを危うくし，雇用システムや内部労働市場の動揺を加速させるものとなった。

　まず，1996年の3分割以降，管理階層を中心にダウンサイジングがいっそう進展した。ＡＴ＆Ｔは，ルーセント・テクノロジーズ (13万1,000人)，ＮＣＲ (3万8,000人) を分離することにより，分割以前の約30万人の従業員を1995年末で12万7,000人に減少させた。しかも，1996年電気通信法による通信の全面的な競争激化とインターネット需要の拡大に対応して，コア事業である通信サービスにおいて通信網のデジタル化を積極的に推進するとともに競争力強化＝コスト削減のために管理者を中心にダウンサイジングを徹底したのである。

　1996年1月には，ＡＴ＆Ｔは3年間で管理者2万4,000人をターゲットとした4万人の人員削減計画を発表したが，これは1993年のＩＢＭの6万3,000人，シアーズ・ローバックの5万人に次ぐ近年では3番目の削減計画であった。この人員削減計画は予定通り進まなかったが，1998年には管理者1万～1万1,000人を中心に全体で1万5,000人 (全従業員約10万人の1割) の新たな人員削減計画を発表したのである。すでに，1984年企業分割時の37万人から1990年の25万人へと一般従業員を中心に12万人近い人員削減 (全従業員の約3分の1の割合) を進めたＡＴ＆Ｔは，1996年分割後もさらに管理層をターゲットとした大幅な人員削減計画を相次いで発表し，ベル・システムの特徴であった労働者および管理者の「雇用の安定」および仕事とキャリア・アップを図る昇進ルートである垂直的な内部労働市場の「崩壊」を加速させたのである。

　また，1996年の3分割では，ＡＴ＆Ｔはルーセント・テクノロジーズやＮＣＲのみならず多くの金融サービスや通信関連事業をもスピン・オフした。しかし，「ＡＴ＆Ｔグローバル・インフォメーション・ソリューションズ (ＮＣＲ)」やＡＴ＆Ｔ Universal Card, American Transtech などは，新規事業としてＡＴ＆Ｔ内で非組合的な職場であり，またＴＱプログラムや自主管理チームなどＡＴ＆Ｔの「参加型管理」のＨＲＭを積極的に推進し，全米での顧客サービス

第5章　ＡＴ＆Ｔのリストラクチャリングとヒューマン・リソース・マネジメント

等で品質に関する賞を受賞した，いわばモデル的な部門であった。

さらに，1996年企業分割以降にＡＴ＆ＴがＣＡＴＶインフラを中核とする"any- distance company"という経営ビジョンを掲げて華々しく合併したＴＣＩ（1999年5月）やメディアワン（2000年）による「ＡＴ＆Ｔブロードバンド（全米第1位のＣＡＴＶ事業）」，および1992年のマッコーセルラーの合併以来成長が著しい「ＡＴ＆Ｔワイヤレス（全米第3位の携帯電話事業）」までも，2000年の4分割計画で分離することになった。

ここに，ＡＴ＆Ｔは企業向け長距離通信（ＡＴ＆Ｔビジネス，従業員6万人）を中心に個人向け長距離通信（ＡＴ＆Ｔコンシューマ，従業員1万8,000人）を実質統合する"a long distance company"へと回帰することとなった。"a long distance company"としてのＡＴ＆Ｔは，従業員数は全体でも約8万弱で，長距離通信最大手ながらそのシェア（収入ベース）もかつての面影はなく過半数を割り，1999年現在41％まで低下している。しかも，リストラクチャリングとダウンサイジングにより優秀な管理者・従業員はワールドコム等の他社に移り，従業員の質とモラールは低下したといわれている。現在，1984年企業分割で分離したＲＢＯＣｓの1つであるベル・サウスとの合併も取り沙汰されている。「規制下の独占」のもとで「電話ファミリー」を謳歌したＡＴ＆Ｔが，1996年電気通信法の規制緩和＝自由化とＮＩＩ構想によるＩＴ時代の「寵児」としてもてはやされ，リストラクチャリングとＭ＆Ａを華々しく展開した結果としては，あまりにも皮肉な末路である。

（注）

1）　Sonny Kleinfield, *The Biggest Company on Earth A Profile of AT&T,* Holt Rinehart and Winston, 1981（喜多迅鷹・喜多元子訳『地球最大の企業ＡＴ＆Ｔ』ソニー出版，1982年）．

2）　Jeffrey H. Keefe and Rosemary Batt, " *United States",* Harry C. Katz, *ed., Telcommunications:Restructuring Work and Employment Relations Wordwide,* Cornell Univesrsity, 1997, p.53. ＡＴ＆Ｔ労務政策の形成については，拙稿「ＡＴ＆Ｔの労務政策とベル・システムにおける労使関係」（平尾武久・伊藤健市・関口定一・森川章編『アメリカ大企業と労働者──1920年代労務管理史研究』北海道大学図書刊行

会，1998年）も参照されたい。
3) Jeffrey H. Keefe and Karen Boroff, "Telcommunications Labor-management Relations : One Decade After the AT&T Divestiture" Paula Voos, ed., *Contemporary Collective Bargaining in the Private Sector,* Industrial Relations Resarch Association, 1994, p.313.
4) Rosemary Batt, "From Bureaucracy to Enterprise ? The Changing Jobs and Careers of Managers in Telcommunications Service", Paul Osterman, ed., *Broken Ladders:Managerial Careers in the New Economy,* Oxford University Press, 1996, p.60.
5) S.Kleinfield, *op., cit.,* p.202. 前掲邦訳書，205ページ。Jeffrey H.Keefe and Rosemary Batt, *op., cit.,* pp.72-73.
6) AT&T *Annual Report,* 1992, 1993. 1984年AT&T企業分割については拙稿「規制緩和と巨大企業のリストラクチャリング-AT&Tの企業分割を中心に-」角谷登志雄編著『激動の世界と企業経営』同文舘，1992年も参照されたい。
7) J.H.Keefe and R.Batt, op.,cit., p.52.
8) Ibid., p.56. 企業分割後のAT&TとBOCsの労使関係については，J.H.Keefe and K.Boroff が詳細に分析している。
9) Ibid., pp.73-85.
10) Ibid., p.73. AT&TのQWLについては，松田裕之『AT&Tを創った人びと-企業労務のイノベーション-』日本経済評論社，1996年が詳しい。
11) R.Batt, op.,cit.,p.66 ; J.H.Keefe and R.Batt, op.,cit., pp.74-85.
12) J.H.Keefe and R.Batt, op.,cit., p.85.
13) R.Batt, op.,cit.,pp.66-73.
14) AT&T *Annual Report,* 1998.

（宮崎　信二）

第6章 3Mのリーダーシップ・コンピテンシー・モデル

1 3Mの経営上の特徴とHRM原則

　従来の人事管理は，主として労働者を対象としており，さらにマネジャー・レベルの管理を実施していたのに対して，HRMの対象は労働者からエグゼクティブ・レベルに至るまで，企業の全構成員におよぶ[1]。HRMが，エグゼクティブ・レベルをも対象とするということは，人事管理のいっそうの展開という性格をもつものである。それはHRMの特質の1つである。この特質は，エグゼクティブの教育訓練・能力開発の問題に典型的に見ることができるが，さらに，エグゼクティブの能力を客観化・標準化し，それを業績評価に利用したり，後継者育成計画に利用するコンピテンシー・ベースド・マネジメントにおいて顕著に見られるようになる。

　本章では，そうしたことの事例として，3M (Minnesota Mining & Manufacturing Co.) におけるリーダーシップ・コンピテンシー・モデルを取り上げ，その成立の過程，その内容，そのアプリケーションを検討し，若干の指摘をすることを課題とする。

(1) イノベーション企業3M

　3Mは，1902年に北米大陸中西部のミネソタ州ツー・ハーバーズ (Two Harbors) で，初代社長となるヘンリー・ブライアン (Henry S. Bryan) やウイリアム・マクゴナグル (William McGonagle) ら地元の有力者5人により，研磨材（サンドペーパー）の材料である金剛砂 (corundum) を採掘する鉱山事業として操業が開始された。2002年に創業100周年をむかえたアメリカを代表する伝統のあ

る大企業である。

　現在では，スコッチ (Scotch)，ポスト・イット (Post-it)，スコッチ・ブライト (Scotch-Brite)，スコッチガード (Scotchgard)，オセロ (O-Cel-O) などのブランドで世界的に知られており，世界25か国で研究開発を行ない，50か国以上の地域で製造し，61か国に合弁企業（日本では３Ｍが50％，住友金属工業が25％，日本電気が25％を出資し，1960年に設立された住友スリーエム）を所有し，200か国以上の市場で製品を販売しているグローバル企業である。

　その製品はスコッチ・ブライト・研磨パッド (Scotch-Brite Scouring Pads) などの家庭用消費財，ポスト・イット・ノート (Post-it Notes) やスコッチ・マジック・透明テープ (Scotch Magic Transparent Tape) などの事務用消費財，３Ｍ歯科用電気麻酔（３Ｍ Dental Electronic Anesthesia）やスコッチキャスト・ギプス材料 (Scotchcast Orthopedic Casting Materials) などの医療用品・医薬品，スコッチライト・ダイアモンド・グレード交通用反射シート (Scotchlite Diamond Grade Reflective Sheeting for Traffic Sign) やスコッチプリント・エレクトロニック・グラフィック・システム (Scotchprint Electronic Graphic System) などのプリント・フィルムにみられるように多方面におよび，製品数は50,000種類を越え，消費財，産業財，化学・医薬品，エレクトロニクス関連の総合メーカーとして確立されている[2]。

　こうした３Ｍのきわめてユニークな存在を支えているコンセプトは，継続的なイノベーション (innovation) である。それは，新製品の開発に要する研究開発費が対売り上げ比6.5％程度を維持するという数値目標や，年間売り上げに占める最近５年以内に発売された新製品の割合を25％以上にすることを目標とするストレッチ・ターゲットという目標戦略の展開に端的に見ることができる[3]。

(2)　３ＭのＨＲＭ原則

　３Ｍは，イノベーションと新製品開発を促進する組織として繁栄を享受してきたが，それは以下のような独自な文化 (culture) に支えられてこそ可能であった。

- 従業員の企業に対する高度なレベルのロイヤルティ
- 承認されたプロジェクトの範囲外の新規事業に対するリスク負担の奨励
- 企業内部でのリーダーシップとマネジメント能力の育成
- 雇用の高度の安定

こうした文化は,さらに,ヒューマン・リソースに関する以下に示す4原則に具体化されている。すなわち,3Mでは,従業員は同社の理念や目的・目標を達成するために不可欠な手段であり,もっとも価値のあるリソースであると考えられている。それゆえ,3Mの組織構造や労働環境もヒューマン・リソースに関するこの4原則に基づいて確立されている[4]。

① **個人の尊厳と価値の尊重**

公正かつ客観的で,困難に挑戦できる協力的な労働環境のもとで,個々人が最高の業績を達成できるように奨励する。個人の権利を尊重し,従業員間のタイムリーでオープンなコミュニケーションが奨励される。スーパーバイザーとマネジャーは,その所属する従業員の業績と成長に責任をもつ。

② **各従業員の自主性の奨励**

従業員が創造的に活動できるように,適切な指導と自由を提供する。従業員の成長のためにはリスクの負担とイノベーションが不可欠である。それらの実施は,誠実で相互に尊重のできる環境において奨励され支援されるべきである。

③ **個人の能力の発揮**

適切な配置,オリエンテーション,能力開発により,個人の能力を十分に発揮できるようにする。能力開発に対する責任は,従業員,スーパーバイザー,マネジャー,3Mが共有する。

④ **機会の公平な提供**

能力開発のための機会を公平に提供し,すぐれた業績には正当に報いる。業績は職務に関連する客観的な基準によって評価され,功労の認知および適切なコンペンセーションによりそれに報いる。

2 リーダーシップ・コンピテンシー・モデルの成立

(1) リーダーシップ・コンピテンシー・モデル開発の経緯

3Mでは，HRM原則に基づきエグゼクティブ・レベルに対するグローバル・コンピテンシー・モデルの開発をトップ・エグゼクティブと社内の専門家のグローバル・チームの協力で完成している[5]。それは，12のコンピテンシーと各コンピテンシーの具体的発揮行動例とから構成されているものであり，現職のエグゼクティブの能力開発，同社トップ500のグローバル・ポジション候補者の準備段階での評価，将来のリーダーの配置に関する客観的な適切性を確保することに適用されている。

3Mにおけるリーダーシップ・モデル開発の第1の推進要因は，組織の存続・成長の要求にある。製品差別化が困難となり，利益が減少し，製品価格へのプレッシャーが高まるにつれ，リーダーシップの有効性は組織の存続にとってますます重要となる。リーダーは部下の職務満足や業績に影響を及ぼすと同時に，イノベーションや組織の業績に直接影響を及ぼしている。3Mでは，この試みを実施した場合の成果として，現在のリーダーの能力の強化と将来のリーダーの育成がいっそう計画的に行われるようになることを期待している。

第2の要因は，後継者育成計画の緊急な要請であった。3Mでは，適切な従業員を，適切な時期に，適切なポジションに，配置することは，事業の多様性と内部昇進制という経営実践により複雑な問題となっている。内部昇進制は，3Mの幅広い事業分野と技術を理解するためには年数がかかるという理由で奨励されている。3Mは，外部労働市場への依存を最小限に抑制しており，M&Aによる事業展開は原則として行っていない。それゆえ，リーダーの育成や成長の機会の提供を管理することは重要な課題となるのである。

したがって，3Mで適用されるリーダーシップ・モデルには以下の点が考慮された。

第6章 3Mのリーダーシップ・コンピテンシー・モデル

- リーダーシップ能力の正確な評価
- 組織内部における能力保持者の有効な育成
- 重要なポジションへのリーダーの選考と配置

しかも，3Mでは既存のモデルを採用するのではなく，リーダーシップ・コンピテンシーのカスタムモデルを独自に開発している。これも，同社のコア・コンピタンスであるイノベーションの一例である。

このリーダーシップ・コンピテンシーのカスタムモデルの開発は，1986年に開始された。当時の目的は，ゼネラル・マネジャーの成功に必要なコンピテンシーを確認することであった。その後，後継者育成計画へ，さらに現職のエグゼクティブや後継者候補の能力の評価や開発へと期待される適用の範囲が拡大している。1995年には，同社ヒューマン・リソース部門の最優先課題として取り組むことが決定され，アルドレッジ（Margaret E. Alldredge）とニラン（Kevin J. Nilan）に包括的なシステムを開発するための権限が与えられた。彼らは，第1に，開発プロセスに主要なエグゼクティブやシニア・マネジャーの参加が必要であることを主張した。第2に，このコンピテンシー・モデルが3つの要素，すなわち，各コンピテンシーの名称，定義，具体的発揮行動例から構成されるものであることを決定した。第3に，このモデルのグローバルな適用が効果的に実施されるために，この領域におけるヒューマン・リソース担当者をアメリカをはじめ，カナダ，ラテンアメリカ，ヨーロッパ，アジアから招集し，グローバル・チームとして活動の質を強化した。

エグゼクティブなどの開発プロセスへの参加は，ヒューマン・リソース部門のバイス・プレジデントが支援する次の3つの委員会で実施された。第1のエグゼクティブ・リソース・コミッティー（ERC）は，3Mのトップ9人のエグゼクティブが関係している。この委員会は，トップ500のポジションへの選考・配置・育成に責任を負っている。第2のヒューマン・リソース・ポリシー・コミッティー（HRPC）は，コーポレート・サービス・バイス・プレジデントなどから構成されヒューマン・リソースに影響するあらゆる政策を確認している。第3のオペレーションズ・コミッティー（OC）は，CEOと直属の部下13人

とから構成され，3Mの諸活動の監視に責任を負っている。

(2) コンピテンシー・フレームワーク

3Mのグローバル・ヒューマン・リソース・チームは，主としてERCおよびHRPCと協議のうえ，コンピテンシーを体系化し，図表6－1に示すようなフレームワークを提示している。ここでは，12のコンピテンシーと体系的なフレームワークのそれぞれの背後にある考え方が示されている。それは，これらのコンピテンシーのそれぞれに固有な複雑性を明確にするために有益である。それはまた，これらのコンピテンシーを経営者層に適用するロジックを説明するために役立つ。

1）「ファンダメンタル」リーダーシップ・コンピテンシー

そうしたフレームワークのなかで，次の3つのリーダーシップ・コンピテンシーはファンダメンタルであると考えられている。従業員はこれらのコンピテンシーを雇用時から保有しているが，それらは，マネジメント・レベルでの職務経験を通して精練される。

このセットの第1のコンピテンシーは，「倫理および誠実」であり，信頼関係を構築するための方法としての3Mの理念 (values) に対するコミットメントと関連している。リーダーの言葉や行動は，一貫しており明確であることを必要とする。リーダーの行動や意思決定により伝達されるメッセージは誠実なものであるべきである。顧客，サプライヤー，従業員との関係は倫理に基づくものであることが期待される。ちなみに，3Mの理念とは以下のものである。

・ 優れた品質，価値，サービスにより顧客を満足させる。
・ 持続的な品質の向上により，投資家に魅力的な配当を保証する。
・ 社会および自然環境を尊重する。
・ 従業員が3Mの一員であることを誇りに思うような企業にするために努力する。

第2のコンピテンシーは，「知的能力」である。リーダーの知性は継続的に鋭敏にし，かつ発達させなければならない。事業の複雑性，新しい基盤技術，

第6章 3Mのリーダーシップ・コンピテンシー・モデル

図表6-1 3Mのリーダーシップ・コンピテンシー

| ファンダメンタル |

- **倫理および誠実（ETHICS AND INTEGRITY）**
  3Mの企業価値，ヒューマン・リソース原則，事業運営方針に対して徹底した誠実さとコミットメントを示している。相互に尊重しあうコミュニケーションの遂行により，信頼関係を構築し，自信を涵養している。

- **知的能力（INTELLECTUAL CAPACITY）**
  情報を迅速に理解し，総合し，問題の複雑性を認識している。仮説に挑戦し，現実に真正面から立ち向かっている。多面的で，複雑で，逆説的な状況に対処することができている。明瞭に，簡潔に，そして適度な平易さでコミュニケートしている。

- **成熟度および判断力（MATURITY AND JUDGMENT）**
  事業上および法人組織上の挑戦を実施するさいに柔軟性や健全な判断力を示している。意思決定が行われるべき時期を認識しており，熟慮された方法で行動している。不確実性に効果的に対応し，過去の失敗や成功から学習している。

| エッセンシャル |

- **顧客志向（CUSTOMER ORIENTATION）**
  3Mの顧客に対してすぐれた価値を提供するために持続的に活動し，当事者間の相互の影響を積極的なものにしている。

- **能力開発（DEVELOPING PEOPLE）**
  多様性の意義を認め，個人を尊重する環境のもとで，すぐれた職場を選択し，維持している。潜在能力を最大限に発揮するために，継続的な学習や，自己および他者の能力開発を奨励している。開放的で確実なフィードバックを提供し，探求している。

- **他者の啓発（INSPIRING OTHERS）**
  目標の意義や協働の精神を通して，個人的な満足や高い業績を達成するように動機づけをして他者の行動に積極的に影響を及ぼしている。模範を示し指導している。

- **事業の健全性および成果（BUSINESS HEALTH AND RESULTS）**
  短期的にも明確な事業成果を絶えず出しながら製品，市場，海外での成長の機会を識別し，成功裡に創造している。価値を付加し，将来の成功のために組織を配置する方法について持続的に探求している。

| ビジョナリー |

- **グローバルな視野（GLOBAL PERSPECTIVE）**
  3Mのグローバル市場，将来性，諸資源についての認識に基づき行動している。3Mの利益のために，グローバルなリーダーシップを行使し，多文化的な環境を

尊重して活動している。
- **ビジョンおよび戦略**（VISION AND STRATEGY）
    共通の目的に到達するために，すべての従業員を引きつけ一致させる顧客重視のビジョンを創造し，浸透させている。
- **イノベーションの育成**（NURTURING INNOVATION）
    審査をされることのない自由で開放的な雰囲気により，実験を支援し，リスク負担を奨励し，好奇心を強化し，現状に挑戦する環境を創造し，維持している。3Mの利益のために，将来に影響を及ぼしている。
- **連携の構築**（BUILDING ALLIANCES）
    3Mに多様な機会をもたらす内部および外部の相互に有益な諸関係やネットワークを構築し，目的遂行の手段としている。
- **組織的機敏性**（ORGANIZATIONAL AGILITY）
    3Mの文化や資産について認識し，尊重し，強化している。持続可能な競争優位を確立するために事業単位内部の変革の統合を指導している。計画的に，適切にチームを活用している。

出所）　M. E. Alldredge and K. J. Nilan, 3M's Leadership Competency Model：An Internally Developed Solution, *Human Resource Management,* Summer／Fall 2000, vol. 39, Nos. 2 & 3, p. 139.

市場への挑戦などの問題は，トータル・システム的な理解を必要とする。リーダーは，3Mの同僚と同様に顧客とも効果的にコミュニケートすることにより，複雑な思考やアイディアおよびビジョンを表現することができなければならない。

第3のコンピテンシーは，「成熟度および判断力」である。リーダーは，予測能力や対応能力により過度なストレスや両義性に対処すべきである。リーダーの行動態度は他者に冷静さを伝えるものでなければならない。企業が信頼と責任をよせるリーダーには健全な判断力が期待されている。

　2）「エッセンシャル」リーダーシップ・コンピテンシー
「エッセンシャル」の4つのコンピテンシーは，個人が職能あるい部門に対して責任を負うようになるにつれ発達する。これらは，より複雑で広範なエグゼクティブ・ポジションの準備段階を設定する。

このセットの第1のコンピテンシーは，「顧客志向」であり，事業の成功にとって決定的に重要であると3Mでは考えている。3Mは「優良なサプライ

第6章　3Mのリーダーシップ・コンピテンシー・モデル

アー」であることが期待されているので，顧客とのあらゆる関係はポジティブなものでなければならない。リーダーはあらゆる活動や意思決定を顧客の現時点での戦略やニーズと調整する必要がある。

　第2のコンピテンシーは，「能力開発」である。リーダーが成し遂げようとすることは，すべて他者により実行されるのであり，したがって，諸関係を発展させる能力は重要な要因となる。それゆえ，リーダーはヒューマン・リソースの能力開発に時間，エネルギー，思考，活動を捧げなければならない。

　第3のコンピテンシーは，「他者への影響」である。リーダーは従業員と協力して業務を遂行することにより，他者へ影響を与えている。すなわち，リーダーがいかに有能であれ，単独で事業を成就しうるということはありえず，事業の成功の当否は各事業単位の構成員に依存している。したがって，事業が成功するためには，事業単位の使命がすべての構成員に明確に伝達されていることが重要である。現在のグローバルな競争市場において，事業を健全に維持するために必要とされる特別な努力を十分に発揮させるためには最終的な状態をリーダーは提示することが重要である。

　第4のコンピテンシーは，「事業の健全性と成果」を達成することである。リーダーは3Mが，利潤を追求する営利事業であることを理解し，事業単位の収益に責任を負っている。リーダーはまた，事業の開拓や成果の向上へと導く方向性を育成しなければならない。リーダーは株主の投資に対し魅力的な配当を追求することが目的であることを構成員に意識づけなければならない。

3）「ビジョナリー」リーダーシップ・コンピテンシー

　業務上の責任の増大するリーダーにとっては，コンピテンシーの「ビジョナリー」セットとして特徴づけられる特別な能力を開発する必要がある。リーダーは自らの統制の範囲を超えて外部，つまり他の組織にまで注意を向ける必要があり，はるかに広い責任を受け入れなければならず，リーダーシップの責任が増大するにつれ，以下のコンピテンシーが広範囲に活用されるようになる。

　このセットの第1のコンピテンシーは，「グローバルな視野」あるいは思考である。3Mの顧客および競争企業は世界中に及んでいる。したがって，3M

のリーダーは文化が習慣，表現様式，言語，組織的配置，有効な製品，および経済変化に影響を及ぼしているがゆえに，文化の多様性が3Mに何をもたらしているかを正しく認識しなければならない。アメリカ以外の事業からの収益の増大は，とくに，経済的に困難な問題に挑戦している時期には，世界的規模で顧客を理解しサービスを提供することによってのみ達成される。

　第2のコンピテンシーは，「ビジョンおよび戦略」である。3Mの活動の成功は，グローバルな成果を達成するための戦略とともにグローバルなビジョンを必要とする。リーダーは，グローバルな成果を達成するという目的に向けてすべての資源を調整しなければならない。ビジョンは組織の目標であり，戦略はそこに到達するためのロードマップである。有能な3Mのリーダーは，事業単位の目標を追求しながら，企業のビジョンにより組織を調整し維持することができる。3Mのビジョンは，各事業あるいは市場において「もっとも革新的な企業となり，顧客に優先的に選択されるサプライヤーとなる」("To be the most innovative enterprise and the preferred supplier" in each business or market)ということである。

　第3のコンピテンシーは，「イノベーションの育成」である。3Mが，上記のビジョンを掲げる以上，イノベーションの育成において優れたリーダーを期待することは当然である。3Mのリーダーは新しいアイディアを支援し，リスクの負担をいとわない環境を創造する。次いで，商品化は単独では実現しえないことを認識して，アイディアあるいは製品の発明者と親密な関係を発展させなければならない。

　第4のコンピテンシーは，「連携の構築」である。事業と組織との相互の結合は困難な問題を提起するが，リーダーは，事業目標を達成するための連携の構築によって対応する。リーダーは，一定の成果を達成するために組織の内外でネットワークを発達させ，連携を促進する。これらのネットワークは，ジョイント・ベンチャーからインフォーマル・プロフェッショナル・グループにまで及ぶ。有能なリーダーは，相互に有益なパートナーシップに積極的に着手している。

第6章　3Mのリーダーシップ・コンピテンシー・モデル

　第5のコンピテンシーは,「組織の機敏性」である。それは,開発するのがもっとも難しい能力であるが,将来,もっとも重要となる能力の1つである。組織の変化は非常に急速であるので,リーダーも組織もしばしばバランスを失いがちである。しかし,有能なリーダーは,市場と経済における変化を予測するために細部に至るまで観察を怠ることはない。そのような能力をもつ個人は,持続的な競争優位を確立するために組織単位内部の変革の統合を指導している。

3　コンピテンシーの行動定義とアプリケーション

(1)　リーダーシップ・コンピテンシーの行動定義

　上述のリーダーシップ・コンピテンシーを定義することは,3Mのプロジェクトの第1の段階である。次の段階は,各コンピテンシーに関して,優れたリーダーによって具体的に発揮されている特定の行動特性(particular behavioral characteristics)を確認することである。

　それは,3Mの2つのグループにとって重要な意味をもつ。第1に,エグゼクティブにとってそれは,モデルの人格化を意味する。すなわち,エグゼクティブとして著しい業績をあげている者の具体的な行動特性が正確に検討され,反映されるものとなるからである。第2に,従業員にとって,各コンピテンシーの行動特性が明示されることは,エグゼクティブへの昇進の基準が明確になることを意味する。

　方法として,グローバル・チームはクリティカル・インシデント・インタビューを採用した。インタビューは,グローバル・チームのメンバー12人が数人ずつのペアーで,3Mのエグゼクティブ70人に対し実施された。各エグゼクティブは,コンピテンシーの2つの領域,すなわちコンピテンシーの定義と具体的発揮行動例について質問を受け,とくに,コンピテンシーの高い程度を示している具体的な行動例や特別な事象について回答した。これらの資料からリーダーシップ・コンピテンシーのそれぞれに関連する行動特性が抽象され,次いでリーダーシップ・コンピテンシーを評価し,能力開発のために活用され

115

図表6－2　3Mのリーダーシップ・コンピテンシー・プロファイル

グローバルな視野：具体的発揮行動例
- 異なる習慣，文化，および価値を尊重し，支援している。事業全体を十分に理解し，育成するために，グローバル・マネジメント・チームを活用している。多様な文化的環境のもとで協働することによる利益を支援している。
- 世界的規模での製造，研究開発，事業展開など，グローバルな体制に基づき諸資源を最大限に活用し調整している。3Mの成長と収益性を増大するために活動している。
- 世界中いたるところでグローバルな顧客および市場を満足させている。
- 世界経済，貿易問題，国際市場の動向および機会についての潮流を積極的に把握している。

イノベーションの育成：具体的発揮行動例
- 個人および組織の創造性を支援し，従業員が日常活動している領域の外部でイニシアチブをとることに挑戦し，個人および組織の学習を最大限に行うことによる問題に寛容である環境を創造している。
- 新規の事業を起こす活動の際，適度なリスクを負担する人を擁護している。
- アイディアや製品を開発し，関連情報を提供し，その価値を説明し，商品化するために，十分に従業員を指導し協働している。

出所）M. E. Alldredge and K. J. Nilan, 3M's Leadership Competency Model, p.143.

る一般的な項目が確認された。

インタビューを受けたエグゼクティブは，3Mの企業ビジョンや目的，理念に媒介されたメッセージを一貫して述べていた。それゆえ，それらには，3Mの価値と文化が反映されていると考えられる。各コンピテンシー領域には3つから5つの行動例が明示されている。例として，図表6－2では「グローバルな視野」と「イノベーションの育成」の領域の行動例が示されている。

(2)　アプリケーション

モデル開発時の3Mの会長兼CEOであるL. D. デシモン（L. D. DeSimone)は，以上の成果に関して，簡単なアセスメント・ツールが開発されたことを強調している。したがって，このモデルの第1のアプリケーションは，アセスメントの領域である。採用された標準的なツールは，図表6－1に見るように，12の領域のそれぞれにおいて，エグゼクティブのもつリーダーシップ・コンピテン

第6章　3Mのリーダーシップ・コンピテンシー・モデル

シーの程度を明示するものであり，実際の行動が，各コンピテンシーの相対的な考課として明示され，容易に確認することができるものである。アセスメント・プロセスには，対面式の意見交換の実施が必要とされる。このアプローチは，3MのOC（トップ13人のエグゼクティブ）の各メンバーに対し個別にテストされている。70人のエグゼクティブのプロファイルが集約された段階で，デシモンは，ERCの会議で，これらの資料を活用した。このアプリケーションは有益であり，正式に採用されている。

　第2のアプリケーションは，開発の領域である。このアプリケーションでは，エグゼクティブは，組織内部のリーダーへの期待を明確にするために行動例を活用する。個々のエグゼクティブは，自己の業績を評価する基準として，確立された行動例を通して判断することになる。また，エグゼクティブは，各個人の能力や業績改善の必要性のためにフィードバックするためにも行動例を活用する。

　第3のアプリケーションは，後継者育成計画の領域である。ここでは，行動例は他の従業員の潜在能力を評価するために活用される。3Mでは，効果的なリーダーシップ行動を示す高い潜在能力をもつ従業員は，キャリア・パスにより処遇し，成長させることが可能であるとしている。このプロセスは，客観的な業績の評価と対照させて徹底的に検討される。こうして，従業員は自己のリーダーシップ・コンピテンシーを強化し，精練化することが可能となる。

　3Mのリーダーシップ・コンピテンシー・モデルは，非常に単純な構造からなるツールである。しかし，その開発を担当したアルドレッジが，「我々は，複雑なツールを単純に適用するよりも，単純なツールを精巧な方法で活用することを選択する」[6]と述べているように，単純なツールであることで活用の範囲を狭めていないばかりか，上述の3つのアプリケーションの領域に見るように，十分に活用に耐えうるツールとして開発することを意図していたことを指摘しておきたい。

4 リーダーシップ・コンピテンシー・モデルとエグゼクティブ労働

　3Mのリーダーシップ・コンピテンシー・モデルは，3Mのリーダー像を検証する試みであり，それゆえ，把握が困難とされていたエグゼクティブ労働の客観化・標準化をコンピテンシーという視角から可能にした試みである。コンピテンシーは，前述のように，職務のブロードバンディングとともに出現した概念であり，したがって，むしろエグゼクティブ労働にこそ適用する根拠があると考えることができる。

　さらに3Mのリーダーシップ・コンピテンシー・モデルは，その成果を，エグゼクティブの業績評価や能力開発，後継者育成計画に適用することによりエグゼクティブに対するコンピテンシー・ベースド・マネジメントを展開することを意図するものである。したがって，このモデルは，エグゼクティブを初めとする3Mのリーダーが対象とされるものであり，それゆえ，HRMの対象が，労働者からエグゼクティブ・レベルに至るまで，企業の全構成員におよぶことを端的に示している事例であることを指摘できる。

　それは，現代の人事管理の原基形態であるテイラー・システムが，労働者の労働を客観化・標準化することにより「労働に対する管理統制」を可能とし，それを基盤として展開される「課業管理」(task management)により労働者を経営に包摂したプロセスと同様のプロセスを，エグゼクティブ・レベルに適用したものであることに注意しなければならない。

　3Mのリーダーシップ・コンピテンシー・モデルの開発プロセスへは，前述のようにヒューマン・リソース部門のバイス・プレジデントが支援するERC，HRPC，OCという3つの委員会への参加を媒介してエグゼクティブ自らが関与していた。したがって，エグゼクティブは，コンピテンシーという自らの労働条件に影響する管理要件を，自ら確定することになる。それゆえ，エグゼクティブ労働の自己客観化を意味すると考えることができる。しかし，それは

第6章 3Mのリーダーシップ・コンピテンシー・モデル

民主的な管理体制をただちに意味するわけでは決してない。むしろ，それはエグゼクティブ自らが，自らへの管理強化・労働強化を促さずには競争優位を獲得・維持することのできない厳しい競争条件にあるアメリカ企業の現実を反映するものでもあることを理解しなければならない。

(注)

1) A. J. Morrison, "Developing A Global Leadership Model," *Human Resource Management,* Summer／Fall 2000, vol. 39, Nos. 2 & 3, pp. 117－131.
2) Kanter, J. Kao, and F. Wiersema (ed.), *Innovation Breakthrough Thinking at 3M, Dupont, GE, Pfizer, and Rubbermaid,* Harper Business, 1997. pp. 60－62.
3) G. E. William, "How 3M Innovates For Long－Term Growth," *Research Technology Management,* Mar／Apr. 2001. vol. 44. Issue 2. pp. 21－24.
4) E. Gundling, *The 3M Way To Innovation－Balancing People and Profit,* Kodansya International Ltd., Tokyo, 2000, pp. 57－60.
5) M. E. Alldredge and K. J. Nilan, " 3 M's Leadership Competency Model：An Internally Developed Solution," *Human Resource Management,* Summer／Fall 2000, vol. 39, Nos. 2 & 3, pp. 135～145.
6) E. Gundling, *op. cit.* p. 106.

<参考文献>

［1］ E. ガンドリング・加川　洋『3M・未来を拓くイノベーション』講談社，1999年。
［2］ 本寺大志『コンピテンシー・マネジメント』日経連出版部，2000年。
［3］ ウイリアム・マーサー社『競争優位を生み出す戦略人材マネジメント』東洋経済新報社，1999年。

(田中　和雄)

第7章　サウスウエスト航空の企業文化と
　　　　　ヒューマン・リソース・マネジメント

　「"従業員，顧客，株主のうち，誰が第1に優先されるべきであるか？"は，経営上の難問と考えられてきた。それは私にとっては問題でも何でもなかった。従業員が第1に優先されるべきに決まっている。もし従業員がハッピーで，満足し，献身的で，精力的であるならば，彼らは親身になって顧客のお世話をするであろう。顧客がハッピーならば，彼らはまた乗りに来てくれる。そしたら株主もハッピーになるというものである。」
　「ライバル達はわれわれの使う機材(ボーイング737)を真似ることはできる。われわれのチケットカウンターやその他すべてのハードウェアを模倣することもできる。……しかしサウスウエスト航空の従業員と彼らの態度をコピーすることはできない。」[1]……ハーバート・ケレハー（サウスウエスト航空会長兼ＣＥＯ）

　企業の成長と経営の変革に対する企業文化のきわめて重要な役割という観点から，これまで多くの企業が俎上に載せられてきたが，企業文化のユニークさと強固さという点でサウスウエスト航空（Southwest Airlines，以下ＳＷＡと表記）の右に出る企業はないかもしれない。そもそもふざけること（Fun）と愛（ＳＷＡではLuvと表記される）を追求すべき価値として掲げ，しかも大真面目にそれらを追求しているような企業が他にあるだろうか。
　ＳＷＡの客室乗務員は，頭上の手荷物入れに隠れていて扉を開けた乗客をびっくりさせたり，ソックスにあいた穴の大きさを競うコンテストを催したり，安全上の注意を歌って説明したり，機内放送で運行の安全にかかわるきわどい冗談をいったり，等，を即興で行うことで有名である。トップのケレハー会長からして，プレスリーの扮装や女装で社内パーティに登場し，「笑いの司祭」（High Priest of Ha Ha）と呼ばれるほどである。また，全般的にＳＷＡ従業員の

接客は単なるサービスの提供にとどまっておらず，愛他主義（altruism）の域に達しているという定評がある。濃霧のため迂回して別の空港に着陸した飛行機の乗客を目的地までマイカーで送り届けた空港ランプ係，接続便に乗り遅れた老婦人を「見知らぬ町のホテルで1人で夜を過ごさせるのは忍びなかった」という理由で自宅に泊めた客室乗務員，愛犬を連れて行くことができないお客のために2週間自宅で犬の世話をしたゲート係[2]，等々。しかも，「SWAではこの種のことが日常的に起こっているようである」[3]。これはSWAのPR誌からの引用ではなく，おそらく「客観的」な研究者の見解である。SWAは2万9,274人（2000年末）[4]の従業員を擁する大企業であるが，「従業員だけでなく乗客まで家族の一員のように感じる企業文化」を維持しようとしている[5]。

　SWAの企業文化のユニークさゆえにSWAをカルト教団になぞらえる論者もあるほどだが[6]，SWAが飛びぬけて高い業績と競争力を達成してこなかったならばその文化が注目されることもなかったであろう。SWAは，1973年から（操業開始は1971年）2000年まで「28年連続黒字，過去5年間（1996年－2000年）で1株利益は2.9倍，平均利益成長率は27％」[7]という成果をあげている。路線参入規制などを撤廃した1978年の航空自由化以降に226の新規航空会社が生まれその内3分の2の経営が破綻するという激烈な競争[8]と，経済動向にエネルギー価格や航空需要が左右されやすい不安定な経営環境のなかで，このような成果が達成されたことを思えば，それがいかに卓越したものであるかがわかる。

　この高い業績は，直接的には消費者の支持の結果である。アメリカ運輸省（Department of Transportation）が認定する，①定時発着，②手荷物取り扱いの正確さ，③顧客の苦情の少なさという点での米航空会社の年間「三冠王」を，賞が創設された1992年以降5年連続してSWAが受賞したことは，それを反映している[9]。また，業界最低レベルの労働移動率（6％，1998年）に表われているように従業員満足度も高く，『フォーチュン』誌1998年1月12日号の特集「働きがいのある会社ベスト100」では第1位にランクされた。SWAの卓越した競争力は，アメリカ同時多発テロ（2001年9月11日）以降の航空各社の経営状況を比較するならば歴然としている。大手7社のうちSWAを除く6社は便数

第7章　サウスウエスト航空の企業文化とヒューマン・リソース・マネジメント

図表7－1　同時多発テロ後の米航空大手の状況

（旅客マイルの増減率は前年同月比，▲は減）

	9月有償旅客マイル増減率	人員削減	値　下　げ
アメリカン	▲33.7%	2万人	国内線ファースト半額，エコノミー大幅割引
ユナイテッド	▲31.5%	2万人	
デ ル タ	▲32.4%	1万3千人	
ノースウエスト	▲30.7%	1万人	
コンチネンタル	▲31.0%	1万2千人	
サウスウエスト	▲21.6%	なし	一部路線のみ割引
Ｕ　Ｓ　エ　ア	▲33.4%	1万1千人	国内線ファースト半額，エコノミー大幅割引

出所）　2001年10月16日付『日本経済新聞』より

（平均2割の削減）と従業員の大幅削減を実施したのに対して，ＳＷＡだけは従業員を1人たりとも削減せず（図表7－1参照），事件後1週間で事件前の運行水準に戻り，1か月後には事件前の旅客水準を回復させている[10]。

　さて，本章の目的は，ピータース＆ウォーターマン（T. Peters and R. Waterman）[11]が提起した「企業文化と業績の関連性」という問題を，企業の競争優位の源泉を企業文化との関連でいかに把握するかという観点から，ＳＷＡという恰好のケースを素材にして検討することである。なお，ＨＲＭのクリティカルな役割と経営戦略・業務活動・企業文化の間のアラインメント（alignment，整合）がキーワードとなることを予告しておきたい。

1　サウスウエスト航空の沿革

　まず，ＳＷＡの沿革を簡単に振り返っておきたい（図表7－2参照）。ＳＷＡは，1967年3月15日に，テキサス州サンアントニオでローカル航空会社を経営していたロリン・キング（Rollin King）と同社の法律顧問を務めていたハーブ・ケレハー（Herbert Kelleher）によって設立され，1968年2月20日にテキサス州

図表7-2　サウスウエスト航空の歩み

```
1971年  CEOラマー・ミューズ（Lamar Muse）の下で運航開始
1974年  累計旅客数が100万人を突破
1977年  累計旅客数が500万人を突破
1978年  ハワード・パトナム（Howard Putnam）がCEOに就任
1982年  ハーブ・ケレハーがCEOに就任
        サンフランシスコ，ロサンゼルス，サンディエゴ，ラスヴェガス，フェニッ
        クスに運航開始
1985年  ミューズ航空買収。
        セントルイス空港，シカゴ・ミッドウェー空港に運航開始
1986年  事前購入割引運賃「ファン・フェア」導入
1989年  オークランド，インディアナポリスに運航開始
1990年  売上げが10億ドルを突破し，米運輸省の規定による
        メガ・キャリアの仲間入り
        フェニックス・スカイ・ハーバー空港に拠点確立
1992年  デトロイト・メトロポリタン空港に拠点確保
1993年  ボルチモア・ワシントン国際空港へ運航開始
1994年  チケットレス・システムを4都市で導入。
        モーリス・エアを合併
1995年  システム全体にチケットレス・システムを導入
1996年  フロリダに路線開設
1999年  ニューヨーク州イスリップ（Islip）空港へ運航開始
2000年  ニューヨーク州オルバニー国際空港へ運航開始
```

出所）　Southwest Airlines Home Page（http://southwest.com/），About SWA, History，ならびに1996年3月7日付『日経産業新聞』より，抜粋。

航空委員会よりテキサス州内での運行を承認された。しかしその翌日，先発の州内3社が一時的差止命令を入手し，この承認を妨害したので，運行を実際に開始するためにSWAは法廷闘争に3年半を費やさねばならなかった。ミリマンらやフェファーによれば，このような試練こそが独自の企業文化が形成されるうえでの端緒であったという。1971年6月18日，ダラスのラブフィールド空港に本社を構えたSWAは，発展著しいテキサス州の3都市（ゴールデン・トライアングル・オブ・テキサス），ヒューストン，ダラス，サンアントニオを結ぶ地域航空会社として4機のボーイング737で運行を開始した。その後，次節で述べるような経営戦略と業務活動に基づく「成功方程式」により，主要航空会社が

第7章 サウスウエスト航空の企業文化とヒューマン・リソース・マネジメント

図表7-3 サウスウエスト航空の発展

	1971	1988	1991	1994	1997	2000
財務に関する統計						
総営業収益	$213万3,000	$8億2,834万3,000	$12億6,789万7,000	$24億9,776万5,000	$36億6,982万1,000	$54億6,796万5,000
純利益(損失)	($375万3,000)	$5,795万2,000	$3,314万8,000	$1億7,933万1,000	$3億1,777万2,000	$6億2,522万4,000
資本	$331万8,000	$5億6737万5000	$6億3,579万3,000	$12億3,870万6,000	$20億901万8,000	$34億5,231万
総資産	$2,208万3,000	$13億838万9,000	$18億5,433万1,000	$28億2,307万1,000	$42億4,616万	$66億6,957万2,000
現金配当／普通株	—	$19.62	$22.22	$11.85	$14.71	$22.00
業務に関する統計						
利用顧客数	10万8,554	1,487万6,582	2,266万9,942	4,274万2,602	5,039万9,960	6,367万8,261
座席利用率	—	57.7%	61.1%	67.3%	63.7%	70.5%
平均飛行距離	—	516マイル	498マイル	506マイル	563マイル	663マイル
飛行回数	6,051	27万4,859	38万2,752	62万4,476	78万6,288	90万3,754
運航都市数	3	—	—	46	52	58
平均搭乗料金	—	$55.68	$55.93	$58.44	$72.81	$85.87
年末時の従業員数	195	6,467	9,778	1万6,818	2万3,974	2万9,274
保有航空機合計数	4	85	124	199	261	344

出所：*Southwest Airlines Co. Annual Report*, 1991, 1994, 1997, 2000. より作成。1971年のデータについては、Kevin & Jackie Freiberg, *Nuts！Southwest Airlines' Crazy Recipe for Business and Personal Success*, Broadway Books, New York, 1996, p.326, 小幡照雄訳『破天荒！―サウスウエスト航空驚愕の経営』（日経BP社、1997年）の403ページを参照のこと。

軒並み赤字を経験した1990年代前半も黒字を続け，358機（2001年10月時点）のボーイング737を擁し，29州58都市をカヴァーするメガ・キャリアにわずか30年足らずで成長したのである（2001年にはアメリカ国内線旅客実績でユナイテッド航空を抜いて首位に立った）[12]（図表7-3参照）。

2　サウスウエスト航空の経営戦略と業務活動

　ＳＷＡの成功にその企業文化が重大なかかわりがあることは多くの論者の指摘するところであるが，企業文化それ自体が業績を生み出すわけではもちろんない。直接的にはＳＷＡの経営戦略とそれを実現する業務活動が卓越していたからこそ成功したのである。

(1)　ＳＷＡの経営戦略

　ＳＷＡの基本戦略は，short-haul（短距離），high-frequency（多頻度運航），point-to-point（短距離直行便で地方都市間を結ぶ方式），low-fare service（低料金）の4語[13]で表現されるニッチ市場を開拓し，そこにおいて一貫してシェアにはこだわらず利益を追求し，これに適合しない長距離や国際線といった市場セグメントには見向きもしなかったことである。これまで大手航空会社が追求してきたシェア重視の経営戦略が依拠するハブ・アンド・スポーク方式（hub-and-spoke system），つまり旅客を周辺都市から飛行機で大都市のターミナル空港（ハブ空港）に集め，そこを経由してさらにさまざまの目的地へと便を設定する方式は，飛行機を満席にしやすいという点で航空会社にとっては都合のよいシステムであったが，利用客には費用と時間（飛行時間の長さと発着の遅れ）という点で負担を強いるものであった。これに対してＳＷＡは，飛行時間にして片道60-90分程度の距離の，大都市近郊の中小都市間に直行便を設定する。大都市近郊が選択されるのは，一定の航空需要を期待できる（ＳＷＡは1日往復8便を見込めない限り新規路線を開設しない）からであり，中小都市の空港が選択されるのは混雑していないので定時発着が確保できるからである。そして，ここ

に思い切った低料金を設定して「チェックイン時間や価格を考えて自動車旅行をしている層」を新たに顧客として取り込み，さらに多頻度運行を行って顧客に利便性を提供するとともに稼働率を向上させる。たとえば，1992年時点で，ダラス－ヒューストン間（約350km）は一日往復40便運航され（日中はほぼ30分ごと。2002年2月時点では61便），往復料金は158ドルで他社の正規料金よりも40％以上安い。ＳＷＡの飛行機は1日平均11時間（業界平均は8時間）飛行しており，1ゲート当たりの便数は1日平均10.5（業界平均は4.5）である[14]。

(2) ＳＷＡの業務活動

しかしながら，このように市場における企業のポジションを明確にすることで経営戦略の使命が終わるとしたら，マイケル・Ｅ・ポーター（M.E.Porter）のいうように，「戦略などというものは，競争の中で押しつぶされてしまうマーケティングのスローガン」[15]にすぎなくなってしまう。したがって，基本戦略において明確にされた目的を実現する，しかもライバルが容易には模倣できないような業務活動を選択し組み合わせることが，戦略の次の課題にならねばならない。ＳＷＡが独自に編み出した業務活動には以下のものがある。

1） 機材の標準化

ＳＷＡが保有している358機はすべて燃料効率に優れるボーイング737である。機材を統一することにより，パイロット，客室乗務員，整備士，食料補給係，等，運行に直接かかわるあらゆる職務の従業員の訓練を単純化することができる。これは次に述べる15分ターンを実現する前提ともなる。機材を1つに絞ることにより，保守部品の種類が少なくなり，保守にかかわる管理費用や在庫費用を抑えることもできる。また一括発注（たとえば，1992年8月6日には，総額12億ドル分の34機を発注している）することにより有利に商談を進めることができ，これは固定費節減につながる。さらにＳＷＡは，大口発注者の立場を利用して，地上での業務をスピードアップできるような設計変更をもボーイング社に要請している[16]。

2） 15分ターン (Fifteen-Minute Turnaround)

　定時発着を保ちながら多頻度運行を行うためには，空港に到着してから，乗客を降ろし，手荷物の積み降ろし・清掃・スナック類の積み込み・燃料充填・要員の交替を完了させ，次の乗客を搭乗させて再出発するまでの時間をできる限り切り詰める必要がある。ＳＷＡでは，便全体の70％において，これらを15分で終了させている（コンチネンタル航空やユナイテッド航空では，平均35分）。そのためにパイロットが清掃や積み降ろしを手伝うことも珍しくない。つまり，15分ターンを実現するためには，従業員のハッスル（ハードワークをいとわない意欲と態度）と結びつけられた「職務を超えた協力」(cross-functional coordination) が必要なのである。また，15分ターンのおかげで9機分の仕事を7機で済ますことが可能になっており，資本支出を13億ドル節約させ，これも低料金に貢献している[17]。

3） ノー・フリル・サービス (no-frills service)

　ＳＷＡでは，運賃をできるだけ低く抑えるために，short-haul, point-to-point という観点からみて余分なサービス (frills service) は徹底的に省略されている。つまり，機内食，座席指定，チケット発行，他社便への接続，荷物の乗り換え便への転送といったサービスが省略されている（ただし，スナックと飲み物のサービスは行われている）。平均60分の飛行に食事はなくてもよいし，ポイント・ツー・ポイントで旅行するお客（ＳＷＡの利用客の約80％は目的地まで乗り継ぎなしの旅行をしている）には接続便や荷物の転送も重要ではない。そしてこれらの省略が，飛行準備時間を短くし，15分ターンの実現に繋がってもいるのである[18]。

4） ユーモア溢れるサービス

　ノー・フリル・サービスであるにもかかわらずＳＷＡに対する顧客満足度（図表7－4参照）がきわめて高い理由としては，その高い安全性・信頼性（定時発着）・利便性（多頻度運航）への評価が基底にあるにしても，それ以外に冒頭で紹介したようなユーモア溢れる機内サービスがあることを忘れてはならない。ユーモアは乗客だけでなくて従業員自身をもストレスから開放する。このよう

第7章 サウスウエスト航空の企業文化とヒューマン・リソース・マネジメント

図表7-4 アメリカ航空会社（国内線）の顧客満足度、2000年1～9月、2001年1～9月

順位	航空会社	苦情数	2001年1～9月 乗客数	乗客10万人当たりの苦情数	苦情数	2000年1～9月 乗客数	乗客10万人当たりの苦情数
1	サウスウエスト	231	56,538,141	0.41	282	54,174,620	0.52
2	アラスカ	157	10,642,728	1.48	231	10,254,899	2.25
3	USエア	927	44,988,254	2.06	1,270	44,212,690	2.87
4	アメリカン・イーグル	195	9,292,673	2.10	272	9,176,910	2.96
5	ノースウエスト	928	42,789,767	2.17	1,223	44,760,838	2.73
6	デルタ	1,797	73,445,674	2.45	1,717	80,686,964	2.13
7	コンチネンタル	841	33,508,096	2.51	1,061	34,303,799	3.09
8	アメリカン	492	16,910,452	2.91	706	20,304,800	3.48
9	トランスワールド	1,783	61,372,096	2.91	2,558	65,910,421	3.88
10	ユナイテッド	2,194	60,004,160	3.66	3,758	64,011,986	5.87
11	アメリカ・ウエスト	641	15,432,190	4.15	1,262	15,014,016	8.41
	総計	10,186	424,924,231	2.40	14,340	442,811,943	3.24

出所）U.S. Department of Transportation, Office of Aviation Enforcement and Proceedings, http://www.dot.gov/airconsumer/, *Air Travel Consumer Report*, November 2001, TABLE 5.

なサービスはマニュアルに従って行われるものではもちろんない。従業員の採用において10万人を超える応募者があるので,「仕事を楽しめる素質(態度)をもった人」を確実に選考することができるゆえに,可能になっているのである。また,1992年以来,客室乗務員はカジュアルウェア(ポロシャツ,コットンパンツ,テニスシューズ)で接客している。その方が職場が楽しくなるとともに,短時間の飛行のなかで飲み物やスナックをすばやくサービスできるからである[19]。

(3) 基本戦略と業務活動の間のアラインメントとその不十分性

以上みてきたように,SWAにおいては,基本戦略で示されたいくつかの目的を実現するうえで,1つの業務活動が1つの目的に奉仕するだけでその使命を終えるのではなく,業務活動全体が関連し合い,その過程で連鎖的に価値を付加して行く。ポーターの言葉を借りるならば,「一つの活動のコストは,他の活動の仕方次第で下がる。同様に,一つの活動が顧客に対して持つ価値は,その会社の他の活動によって高められる。」[20] たとえば,多頻度運行を行うためのコストは15分ターンによって下がり,15分ターンのコストは機材の標準化やノーフリル・サービスによって下がるという具合に。あるいは,ユーモア溢れるサービスの価値は安全性・信頼性・利便性を高める活動によってさらに高められるという具合に。このような関係を,ポーターはフィット(fit)と呼び,フェファー(J.Pfeffer),ミリマン(J.Milliman),ハロウェル(R.Hallowell)らはアラインメントと呼んでいる[21]。

アラインメントの直接的な効果が低コストであって,これがSWAのもっとも顕著な競争優位の源泉となっている。単位有償旅客マイル(Available Seat Mile, ASM)当たりコスト(1座席を1マイル運ぶために必要なコスト)は,SWAの場合1992年から1998年の間7.03～7.50セントであったのに対して,ライバル企業の場合SWAよりもつねに15～40％高かった。低コストにより,SWAにおける1機当たりの座席利用率(ロードファクター)でみた採算分岐点はライバルよりもかなり低くなっており(1998年において,十大航空会社の平均が65％であるのに対して,SWAは54％。しかもSWAにおける実際の平均座席利用率はもっと

第7章　サウスウエスト航空の企業文化とヒューマン・リソース・マネジメント

高い……図表7－3参照)，したがってライバルには採算の取れない路線へもSWAなら参入できるのである[22]。

　それならば企業は，基本的な経営戦略と業務活動の最適のアラインメントを設計しさえすれば，成功が約束されるのであろうか。実は，アラインメントを実現することは，見かけほど容易ではないのである。その何よりの証拠が，新興（ピープル・エキスプレス航空，バリュージェット，等）と大手（短距離専用路線としての，コンチネンタル航空のCAライト，ユナイテッド航空のユナイテッド・シャトル，等）の別を問わず多くの航空会社が，SWAの戦略と業務活動を部分的にあるいは全面的に模倣してきたにもかかわらず，1つとして成功例がないことである[23]。

　ここで注意しなければならないことは，さらに仔細に見れば，SWAにおける低コストは人件費総額の低さによってではなくて，高い労働生産性と稼働率によって実現している点である。SWAの客室乗務員の給与水準は業界で2番目に高いグループに属しており，またSWAにおける労働組合組織率（84％）は業界でもっとも高く（ただし，1980年の整備士による6日間のストライキを例外として，1度も労使紛争は発生していない），人件費総額は決して低コストの要因たりえない。労働生産性の高さを示すデータをいくつかあげてみよう（図表7－5参照）。1998年において，1機当たりの平均従業員数がSWAでは94人であるのに対して，業界平均は130人である。1従業員当たりの乗客数は，SWAが2,035人であるのに対して業界平均は1,000人である。SWAのパイロットの月間平均飛行時間が70時間であるのに対して，ユナイテッド航空・アメリカン航空・デルタ航空のパイロットのそれは50時間でしかない。つまり，SWAにおけるアラインメントに基づく低コストとは，複数の職務を担当し仕事上の要請に柔軟に対応しようとする意欲や態度（一言でいえば仕事へのコミットメント）をもった従業員のハードワークが，稼働率を高め，単位原価を低下させたことの結果である。その意味で，SWAの競争優位の重要な源泉は従業員である。そして，SWAを模倣した企業がすべて失敗した理由は，従業員に基づく競争優位はその達成と維持が困難であるがゆえに，模倣することもまた困難であることを認

図表7−5　7大航空会社の生産性比較

	有償旅客マイル当たり費用（セント）			従業員当たり輸送旅客数（人）			1機当たり従業員数（人）		
	1992	1997	2000	1992	1997	2000	1992	1997	2000
サウスウエスト	7.03	7.40	7.73	2,443	2,102	2,175	81	92	85
アメリカン	8.9	9.27	10.38	840	−	−	152	178	141(注)
デルタ	9.4	8.78	9.68	1,114	1,594	1,460	134	115	99
ノースウエスト	9.1	8.63	9.53	919	1,117	1,133	127	121	126
ユナイテッド	9.6	9.53	10.63	795	933	867	157	156	162
USエア	10.8	12.33	14.00	1,118	1,525	1,375	111	102	104
コンチネンタル	8.3	9.04	9.76	−	1,030	1,090	−	119	116

注）2001年のデータ
出所）1992年のデータは，Roger Hallowell, "Southwest Airlines：a case study linking employee needs satisfaction and organizational capabilities to competitive advantage", *Human Resource Management,* v. 35, Winter 1996, p.519，ならびにKenneth Labich, "Is Herb Kelleher America's best CEO？. Southwest Airlines；cover story", *Fortune,* v.129, May 2, 1994, pp.44−47, を参照した。1993年〜2000年については，以下の文献とホームページを参照した。C. A. O'Reilly, III & J. Pfeffer, *Hidden Value,* Harvard Business School Press, 2000, pp. 30−31. *Fortune,* January 10, 2000, pp. 82−110. http://www.southwest.com/, http://www.aa.com/, http://www.delta.com/, http://www.nwa.com/, http://www.ual.com/, http://www.usairways.com/, http://www.continental.com/

識するに至らなかったことにある[24]。それでは，いかにしてSWAは仕事へのコミットメントを従業員から獲得しているのだろうか。

3　サウスウエスト航空の企業文化

これまでの諸研究が明らかにするところによれば，コミットメントの獲得は，企業が従業員の経済的ならびに非経済的な欲求を満足させる度合いにかかっている。そして，非経済的欲求の満足を提供するものこそが，企業文化なのである[25]。なお，ここでは，企業文化という言葉をディール＆ケネディ（T.E.Deal

第7章　サウスウエスト航空の企業文化とヒューマン・リソース・マネジメント

and A. A. Kennedy) に従って「組織によって信奉される支配的な価値」、あるいはシャイン (E. H. Schein) に従って「組織のメンバーによって共有され、無意識のうちに機能し、しかも組織が自分自身とその環境をどうみるかを、基本的で『当然のこととみなされた』方法で定義するような『基本的仮定』や『信念』」という意味で使用している[26]。

(1) ＳＷＡの企業文化を構成する価値

冒頭でＳＷＡの企業文化を特徴づける価値としての Fun と Luv に言及したが、フェファーらとハロウェルは、労働倫理を重要な価値として付け加えている[27]。米航空会社「三冠王」を５年連続受賞したことは、労働倫理という価値が浸透していることの証であろう。

ミリマンらは、内容的にはフェファーらの指摘と重複するが、次の５項目をＳＷＡで信奉される価値として指摘している[28]。①コミュニティ：チームワーク、他人への奉仕、家族の一員としての従業員を強調する信念。「客室乗務員がふざけすぎる」という苦情の投書に対する「乗って頂かなくて結構」というケレハー会長の返事は、ニッチ戦略とともにこの信念を反映している。②大義 (cause) あるいは自分自身よりも何か大きなものを担っているという感情：低料金で楽しい空の旅を提供することは、ＳＷＡでは改革運動 (crusade) として受け止められている。③エンパワーメント：柔軟な発想と行動をするために、官僚主義を廃し経営者の立場で考えることが奨励されている。④仕事における感情とユーモアの要素の重視：ＳＷＡにおける業務活動の３原則「顧客サービスは生真面目である必要はない、規則に縛られなくてよい、顧客はいつも正しいとは限らない」は、①③④を反映している。⑤労働倫理。

フライバーグ＆フライバーグは、ＳＷＡの企業文化を規定する価値をさらに分類して、以下のような13項目を特定している[29]。①利益率、②従業員持ち株制度、③低コスト、④伝説的なサービス、⑤家族、⑥平等主義、⑦楽しさ (Fun)、⑧常識あるいは適切な判断、⑨愛、⑩簡略化、⑪勤勉、⑫愛他主義 (altruism)、⑬個性の尊重。

(2) 企業文化と業務活動のアラインメント

多くの企業がＳＷＡに劣らず高邁な信念や価値を標榜してきたが，それらは必ずしも従業員による毎日の実践のなかに統合されてこなかった。いかに高邁な信念といえども，経営戦略や業務活動のなかに織り込まれひいては業績に結びつかないならば，つまり従業員に向かって単に表明されるだけならば，キレイゴトでしかない。換言すれば，信念や価値は，従業員一人ひとりに積極的に受け入れられ，コミットメントを形成し，業務の日常的な実践として具体化されないならば無意味なものとなる。伝説的ともいえる数々のおふざけ（Fun）を自ら実践してきたケレハー会長はカリスマ的経営者として有名であるが，カリスマは上記のような統合を実現する１つの契機にすぎない。なぜなら，企業規模の拡大とともに，従業員がカリスマ的経営者から直接的に影響を受ける機会は減少していかざるをえないからである。ケレハーのような経営者の優れた点は，フェファーらによれば，リーダーというよりはむしろ，企業文化，業務，諸制度，従業員の実践，間のアラインメントをデザインするアーキテクト（設計者）としての役割を果たしている点にあるという。ＳＷＡでは，企業文化と経営戦略に整合するＨＲＭが，企業文化を日常業務として具体化させる役割を担っている。逆にいえば，企業文化とは，あらゆる手を尽して「しつこい」ほどに従業員に働きかけない限り，維持されえないものなのである[30]。

4　サウスウエスト航空におけるＨＲＭ

ＳＷＡにおいてＨＲＭの責任を主として担っている組織が，ピープル・デパートメント（People Department）である。ここはもともと人事部（Personnel Department）と呼ばれていたが，それでは昔の企業における「企業内警察」という役割を連想させるという理由で，1989年に名称変更された[31]。企業文化との関連での上記のようなＨＲＭの課題に対する取り組みという観点から，ピープル・デパートメントのとくに５つの活動を見てみよう。

第7章　サウスウエスト航空の企業文化とヒューマン・リソース・マネジメント

(1) 募集と選考

　企業文化の維持という点でSWAが最重要視しているHRMのプロセスが,募集と選考である。なぜなら,入社前に「すでに」SWAの中核的価値にフィットしている人を雇うことができるならば,企業文化はより確実に維持されるはずだからである。SWAの中核的価値に「すでに」フィットしているか否かを見極めるために,選考においては応募者の「技能」よりもユーモアや顧客サービスといったSWAの中核的価値にかかわる「態度」が重視される。ケレハー会長が強調するように,技能レベルは教育訓練によって変えられるが,持って生まれた資質は変えられないし,態度を教えることもできないからである。実際,1978年にケレハーが会長に就任したときに人事部に新たに課した責任は「ユーモア・センスのある人を採用すること」であった。応募者が適切な態度の持ち主であるか否かをチェックすることは,SWAにおける選考過程の2つの特徴によって可能になる。1つは,応募者の数が膨大なことである。1998年には,20万人の応募者があり,そのうち3万5,000人が面接を受け,4,000人しか採用されなかった。2001年には,19万4,821人が応募し,6,406人しか採用されなかった。選考方法さえ適切であるならば,20万人のなかに望ましい態度の持ち主を見つけることはできるはずである。もう1つの特徴は,この選考方法が綿密をきわめていることである。SWAの採用プロセスは,応募,電話による審査,グループ面接,三段階からなる面接(このうち2段階においてはSWAのライン従業員が参加する。客室乗務員の面接には,顧客も参加する),コンセンサス・アセスメント,そして投票からなる。面接ではチームワークに対する態度が決定的に重視され,したがって"私"(Ⅰ)を連発する人は採用されない。不適格者が紛れ込んだとしても,試用期間中に除外される。以上の特徴ゆえに,確かに「SWAで職を得ることは,ハーヴァード大学に入学するよりも難しい」のである[32]。

(2) 教 育 訓 練

　新入社員はすべて,パイロットから整備士に至るまで,ダラス本社に置かれ

た企業内教育センターの従業員大学 (University for People) において，職種別の技能教育のほかに，ＹＳＳ (You, Southwest, and Success) と呼ばれるプログラムを1か月間必ず受講しなければならない。ＹＳＳにおいては，毎回朝9時過ぎにまずＳＷＡ精神の歌が合唱され，それに続いてＳＷＡの歴史，非の打ち所のないサービス，企業文化についての特訓コースが提供されるが，ＳＷＡへの好意的な世評ゆえに新人が油断して自己満足に陥ることがないようにすることに力点がおかれている。ハロウェルが指摘するように，ＳＷＡの経営陣は，「企業の成長の度合いが，その文化にフィットする新人を採用し訓練することができるスピードにかかっている」ことを認識しているのである[33)]。

(3) 報酬管理

ＳＷＡにおける報酬管理の特徴としては，相対的に個別的報酬よりは集団的報酬（利益分配制度）が重視されていること，個別的報酬においては業績連動型給与が採用されていること，そして成績トップの従業員を動機づけているものは money ではなくて happiness（いわば非金銭的報酬）であること，を指摘できる[34)]。

ＳＷＡは1973年に航空業界で初めて利益分配制度を導入したが，これはコミュニティやエンパワーメント（経営者の立場で考え行動する）といった価値を受容させることに役立っている。勤続1年以上の従業員はこの制度に参加する資格があり，会社が利益をあげた場合，課税前の営業利益の15％が従業員に配分される。さらに，従業員は従業員持ち株制度（従業員は，市場価格の90％で，しかも手数料は会社負担で，ＳＷＡ株を購入できる）を通じて分配利益の約70％をＳＷＡ株に投資している[35)]。

パイロットや客室乗務員の個別的報酬（乗務手当）は，他社では時間当たりで支払われているのに対して，ＳＷＡではワン・トリップ（234マイル）当たりで支払われている。これは，低コストや勤勉あるいは労働倫理といった価値に合致した支払い方式だといえる[36)]。

非金銭的報酬という点で特筆すべきは，ＳＷＡが創業以来レイオフを行った

第7章 サウスウエスト航空の企業文化とヒューマン・リソース・マネジメント

ことがなく（厳密にいえば，1970年代初頭に3人をレイオフしたことがあるが，まもなく復帰させている），近年になって公式にノーレイオフ政策を採用したことである。雇用の安定という非金銭的報酬は，何よりもコミュニティという価値に合致するものである。また，ＳＷＡは，祝典や社内のあらゆるメディア（たとえば社内報 LUV Lines）を通じて，冒頭で紹介したような従業員の並外れてすばらしい顧客サービスや「縁の下の力持ち」的行為を，即座に賞賛しあるいは公式的に表彰する点で，他社に抜きん出た存在である。承認や賞賛や表彰は，ＳＷＡのあらゆる価値を強化する非金銭的報酬といえる[37]。

(4) エンパワーメントの促進

エンパワーメント（経営者の立場で考え行動する）という点で，ＳＷＡは利益分配制度の効果を過大評価していない。ピープル・デパートメントの部長サータン（E.Sartain）は，自社株だけを購入せずに分散投資することを従業員に奨励するほどである。実際，発行済株式に占める従業員持ち株比率は，ＳＷＡの場合10％で，ユナイテッド航空（1994年に従業員持株会社になった）の55％，ＴＷＡの30％に比べて低い。この点では，顧客の要求にこたえるためにあるいは同僚を助けるために必要な行動であるならば，会社の規則を破ってでも実行することが奨励されている（ＳＷＡの公式的な方針）ことのほうが重要であろう。したがって，従業員の成績評価においても，判断上のミスはマイナス材料とはならず，むしろ次回の行為を改善するためにフィードバックされるべきものとみなされ，個人的成長の契機として祝福されさえする。また，経営者の立場で考えるために必要な情報を，できるだけ個々の従業員あるいは労働組合に提供する方針も，従業員の意思決定への参加や労使間の信頼の形成を促進している[38]。

(5) 文化委員会

1990年に，当時副社長だったコリーン・バレット（Colleen Barrett）の提案に基づき，さまざまな地域と部門から選ばれた66名の代表によって設立された文化委員会（Culture Committee）は，ＳＷＡに設置された数少ない常設委員会の

1つであり，ＳＷＡの企業文化の永続化だけを活動目的とする機関である。ケレハー会長は，その役割を「ＳＷＡ精神の火が消えないようにする火の見張り番（fire watcher）」と表現している。運営の調整は，ピープル・デパートメントのエグゼクティブ・アシスタントが担当している。現在メンバーは100名を超え，地域と部門毎に支部委員会も組織されている。これまで実施されてきた文化委員会の提案には，以下のようなものがある。①「私の靴で１マイル歩いて」計画（Walk a Mile in My Shoes）：休日に最低６時間よその部署の仕事を自発的に担当する，②「現場１日体験」計画（A Day in the Field）：担当職務以外の仕事を１日単位で体験する，③「助け合い」計画（Helping Hands）：全社から募集されたボランティアが週末返上で他社と激戦を展開している地区へ応援に行く，④「仕事上の食い違いに注意しよう」計画（Mind the Gap）：さまざまな職能がネットワークを形成していることを認識させるために，職務横断的なグループを形成する，⑤「文化交換」計画（Cultural Exchanges）：1,000〜2,000人の従業員が飛行機の格納庫に集まり，小集団に分かれ，企業文化の変革をテーマにブレイン・ストーミングを行う，⑥「心の英雄」賞（Heroes of the Hearts）：日の当たらぬ場所ですばらしい貢献をしている従業員を表彰する[39]。

最初に提起した「企業文化と業績の関連性」という問題に立ち返るならば，ＳＷＡという事例がわれわれに与える教訓は何であろうか。まずいえることは，それが「良き企業文化が高い業績を生み出す」というような単純な問題ではないということである。もっと厳密にいえば，その命題は必ずしも間違っていないにしても，企業文化と業績の間には解明されなければならないいくつかの連環があるということであろう。そのような連環として，本章においては経営戦略，業務活動，人的資源としての従業員，コミットメント，ＨＲＭに言及してきた。フェファーらは，「ＳＷＡの成功の理由あるいは競争相手の失敗の理由は，経営戦略や業務活動にはない」と断言する[40]。経営戦略や業務活動は，いかに両者の間に巧みにアラインメントが確保されていようとも表面的には模倣可能であり，模倣可能なものは競争優位の源泉とはなりえず，仮になりえたと

第7章　サウスウエスト航空の企業文化とヒューマン・リソース・マネジメント

しても仕事へのコミットメントを有する従業員が確保されない限り所期の目的の達成は困難であるからだろう。ＳＷＡという事例が雄弁に物語ることは、経営戦略における人的資源の決定的な重要性である。「私たちは優れた顧客サービスを行う航空会社ではありません。たまたま航空業界に身を置いている、優れた顧客サービス組織なのです」[41]というＳＷＡのモットーは、この点についてのＳＷＡの鋭い自覚を表わしている。一方、ライバル会社たちは「業務における従業員の役割を、追求されるべき強みというよりは避けられるべき弱みとみなす傾向があった」と、ハロウェルは指摘する[42]。そして、この自覚を出発点として、ＳＷＡにおいては、コミットメントの源泉としての企業文化と、企業文化と業務活動を整合させる（つまり、目に見えない企業文化をいわば具現化させる）ＨＲＭの経営におけるクリティカルな意義が強調されているのである。したがって、「企業文化と業績との関連性」という点でＳＷＡから最終的に引き出される教訓は、他社に抜きん出た業績を達成するためには、企業文化、経営戦略、業務活動、人的資源、そしてＨＲＭの間の「フル・アラインメント」[43]が達成されなければならないということであろう。

（注）

1) Kristin Dunlap Godsey, "Slow climb to new heights", *Success,* Vol. 43, No. 8, Oct 1996, pp. 26.
2) Cf., Charles A. O'Reilly Ⅲ & Jeffrey Pfeffer, *Hidden Value : How Great Companies Achieve Extraordinary Results with Ordinary People,* Harvard Business School Press, Boston, Massachusetts, 2000, p. 34. Molly Ivins, "From Texas, with Love and Peanuts", *New York Times,* March 14, 1999. Terrence Deal & M. K. Key, *Corporate Celebration:Play, Purpose, and Profit at Work,* Berrett－Koehler Publishers, 1998, p. 200. Herb Kelleher, "Customer service : it starts at home", *Journal of Lending & Credit Risk Management,* Vol. 80, Feb. 1998, p. 76. Brenda Paik Sunoo, "How fun flies at Southwest Airlines", *Personnel Journal,* Vol. 74, June 1995, p. 73. Kevin Freiberg & Jackie Freiberg, *Nuts ! Southwest Airlines' Crazy Recipe for Business and Personal Success,* Broadway Books, New York, 1996, pp. 191, 209-212. 小幡照雄訳『破天荒！—サウスウエスト航空　驚愕の経営』（日経BP社、1997年）、234-235、252-257ページ。伊集院憲弘『社員第一、顧客第二主義—サウスウエスト航空の奇跡』（毎日新聞社、1998年）、26ページを参照

のこと。

3）John Milliman, Jeffery Ferguson, David Trickett and Bruce Condemi, "Spirit and community at Southwest Airlines : An investigation of a spiritual values-based model", *Journal of Organizational Change Management,* Vol.12, No.3, 1999, p.226.
4）Southwest Airlines Co. *Annual Report 2000,* p.F22.
5）Freiberg & Freiberg, *op.cit.*, p.78. 前掲邦訳書, 104ページ。
6）Cf. O'Reilly, Ⅲ & Pfeffer, *op.cit.*, p.21.
7）『日経ビジネス』2001年9月24日号, 40ページ。
8）『日経産業新聞』1999年9月17日。
9）O'Reilly, Ⅲ & Pfeffer, *op.cit.*, p.32.
10）Cf., Robert Levering & Milton Moskowitz, "The 100 Best Companies to work for in America", *Fortune,* Vol.137, No.1, January 12, 1998, pp.84-95.『日本経済新聞』2001年9月18日夕刊, 10月16日, 参照。
11）T.Peters and R.Waterman, *In Search of Excellence,* New York : Harper and Row, 1982, 大前研一訳『エクセレント・カンパニー』講談社, 1983年。
12）Cf., O'Reilly Ⅲ & Pfeffer, *op.cit.*, pp.24-26. Milliman et al., op.cit., p.225. Freiberg & Freiberg, *op.cit.*, pp.14-27. 前掲邦訳書, 28-45ページ。Southwest Airlines Co. *Annual Report, 2000.*『日本経済新聞』2001年10月16日, 12月24日, 2002年2月21日, 参照。
13）Southwest Airlines Home Page (http : //southwest.com/), Southwest Airlines Investor Relations, Company Profile.
14）Cf., O'Reilly Ⅲ & Pfeffer, *op.cit.*, pp.25-28. Milliman et al., op.cit., p.227. Roger Hallowell, "Southwest Airlines : A Case Study Linking Employee Needs Satisfaction and Organizational Capabilities to Competitive Advantage", *Human Resource Management,* Vol.35, No.4, Winter 1996, pp.514-515, 517-519, 528. Peter Cappelli(ed.), *Airline Labor Relations in the Global Era : The New Frontier,* ILR Press, Ithaca and London, 1995, p.36. Freiberg & Freiberg, *op.cit.*, pp.49-60. 前掲邦訳書, 71-81ページ。『日経産業新聞』1992年9月21日。
15）Michael E.Porter, "What is strategy？", *Harvard Business Review,* Vol.74, No.6, Nov-Dec 1996, p.64, 中辻萬治訳「戦略の本質」『DIAMONDハーバード・ビジネス』1997年3月号, 11ページ。
16）Cf., O'Reilly Ⅲ & Pfeffer, *op.cit.*, p.31. Milliman et al., op.cit., p.227. Hallowell, op.cit., p.520. Freiberg & Freiberg, *op.cit.*, pp.55-56. 前掲邦訳書, 78, 106ページ。『日経産業新聞』1992年9月21日。
17）Cf., O'Reilly Ⅲ & Pfeffer, *op.cit.*, pp.26, 30, 32. Hallowell, op.cit., pp.515, 519, 520. Freiberg & Freiberg, *op.cit.*, pp.57-60. 前掲邦訳書, 80-83ページ。
18）Cf., O'Reilly Ⅲ & Pfeffer, *op.cit.*, p.26. Milliman et al., op.cit., p.227,

第7章 サウスウエスト航空の企業文化とヒューマン・リソース・マネジメント

Hallowell, op.cit., p.518. Freiberg & Freiberg, *op.cit.*, pp.57, 81-82, 136-137. 前掲邦訳書, 79, 108, 173ページ。

19) Cf., O'Reilly Ⅲ & Pfeffer, *op.cit.*, p.34. Ivins, *op.cit.*. Milliman et al., *op.cit.*, p.226. Hallowell, *op.cit.*, pp.517-519. Freiberg & Freiberg, *op.cit.*, pp.202-215. 前掲邦訳書, 246-261ページ。伊集院, 前掲書, 26ページ。『日本経済新聞』1998年1月12日,『日経産業新聞』1999年7月9日。

20) Porter, *op.cit.*, p.70, 中辻訳, 前掲論文, 19-20ページ。

21) Cf., Porter, *op.cit.*, pp.70-75, 中辻訳, 前掲論文, 19-26ページ。O'Reilly Ⅲ & Pfeffer, *op.cit.*, pp.46-48. Milliman et al., op.cit., pp.224, 231. Hallowell, op.cit., pp. 514, 528.

22) O'Reilly Ⅲ & Pfeffer, *op.cit.*, pp.28-29.『日本経済新聞』1998年1月12日。

23) Cf., Jeffrey Pfeffer, *The Human Equation : Building Profits By Putting People First,* Harvard Business School Press, Boston, Massachusetts, 1998, p.99, 佐藤洋一監訳『人材を生かす企業』トッパン, 1998年, 101ページ。Cappelli, *op.cit.*, p.36. O'Reilly Ⅲ & Pfeffer, *op.cit.*, p.22. Hallowell, op.cit., p.515.

24) Cf., O'Reilly Ⅲ & Pfeffer, *op.cit.*, pp.41, 43. Cappelli, *op.cit.*, p.36. Jody Hoffer Gittell, "Investing in Relationships, roundtable with Southwest Airlines executives", *Harvard Business Review,* Vol.79, No.6, June 2001, p.30. Michael H.Cimini & Charles J.Muhl, "Southwest Airlines Agreement", *Monthly Labor Review,* Vol.118, No.3, March 1995, p.64. Hallowell, op.cit., p.529.「アメリカ・サウスウエスト航空10年協約締結、5年間賃金据置」『海外労働時報』第225号, 1995年2月, 35-36ページ。『日本経済新聞』1994年11月25日夕刊。

25) Hallowell, op.cit., p.520.

26) Terrence E.Deal and Allan A.Kennedy, C*orporate Cultures, : The Rites and Rituals of Corporate Life, Addison-Wesley Publishing Company, Inc.,* 1982, pp.21-36, 城山三郎訳『シンボリック・マネジャー』新潮社, 1983年, 35-56ページ。E.H.Schein, *Organizational Culture and Leadership,* Jossey Bass., San Francisco, 1985, p.6, 清水紀彦・浜田幸雄訳『組織文化とリーダーシップ』ダイヤモンド社, 1989年, 9-10ページ。

27) Cf., O'Reilly Ⅲ & Pfeffer, *op.cit.*, pp.32-35. Hallowell, op.cit., pp.520-525.

28) Cf., Milliman et al., pp.224-227.『日経ベンチャー』1998年5月号, 38ページ。Freiberg & Freiberg, *op.cit.*, pp.10-11, 74-95, 270, 313. 前掲邦訳書, 23, 24, 99-143, 328, 383ページ。

29) Cf., *Ibid.,* pp.144-155. 同上邦訳書, 182-195ページ。

30) Cf., O'Reilly Ⅲ & Pfeffer, *op.cit.*, pp.35, 45-46.Milliman et al., op.cit., p p.224, 230-231. Freiberg & Freiberg, *op.cit.*, pp.106-107. 同上邦訳書, 138ページ。

31) Cf., Sunoo, op.cit., p.64. O'Reilly Ⅲ & Pfeffer, *op.cit.*, p.36.

32) Cf., Sunny Stone, "Caring for People-At Southwest we show that we care",

Executive Excellence, Vol. 18, No. 5, 001, p. 13. Gittell, op. cit., p. 28. Shari Caudron, "Hire for attitude : it's who they are that counts personality based assessment", *Workforce,* Vol. 76, August 1997, pp. 22–23. O'Reilly Ⅲ & Pfeffer, *op. cit.,* p. 34, 37. http : //www.southwest.com/, About SWA, Fact Sheet, Fun Facts. Kelleher, *op. cit.,* p. 77. Kristin Ellis, "Libby Sratain vice president of people, Southwest Airlines. views of the VP of the HR department at Southwest Airlines", *Training,* Vol. 38, No. 1, January 2001, p. 48.

33) Cf., O'Reilly Ⅲ & Pfeffer, *op. cit.,* pp. 39–40. Ellis, op. cit., p. 48. Sunoo, *op. cit.,* pp. 71–72. Chad Kaydo, "Riding high : how does Southwest Airlines get its employees to give great customer service ? It starts with training", *Sales and Marketing Management,* Vol. 150, No. 7, July 1998, pp. 64–67. Hallowell, *op. cit.,* p. 515.

34) Cf., O'Reilly Ⅲ & Pfeffer, *op. cit.,* pp. 42–43. Kenneth Hein, "Rewarding relationships", *Incentive,* Vol. 173, No. 1, p. 114, January 1999, p. 114.

35) Cf., Milliman et al., *op. cit.,* p. 228. Freiberg & Freiberg, *op. cit.,* pp. 99–100. 前掲邦訳書, 129–130ページ。『日経ビジネス』2001年9月24日号, 39ページ。

36) 伊集院, 前掲書, 85ページ。

37) Cf., Freiberg & Freiberg, *op. cit.,* p. 7. 前掲邦訳書, 20ページ。Branch, *op. cit.,* p. 119. Milliman et al., *op. cit.,* p. 228. Ibid., p. 229. Deal & Key, *op. cit.,* pp. 49, 55–56.

38) Cf., O'Reilly Ⅲ & Pfeffer, *op. cit.,* p. 44–45.『日経産業新聞』1994年6月12日, 8月11日。Ivins, *op. cit.*. Milliman, op. cit., pp. 225–226. Sunoo, *op. cit.,* p. 62.

39) Cf., Ellis, *op. cit.,* p. 48. Sunoo, *op. cit.,* p. 73. Kelleher, *op. cit.,* p. 78. http : //www.southwest.com/, Careers, People, Executive Assistant. "Idea–sharing at Southwest Airlines", *Knowledge Management Review,* Vol. 3, No. 1, p. 3, March /April 2000, p. 3. Lynn Densford, "Want to be EC ?", *Corporate University Review,* Vol. 7, Issue 3, p. 4, May/June 1999, p. 4. Freiberg & Freiberg, *op. cit.,* pp. 164–169, 194–196. 前掲邦訳書, 207–212, 237ページ。

40) O'Reilly Ⅲ & Pfeffer, *op. cit.,* p. 45.

41) Freiberg & Freiberg, *op. cit.,* p. 343. 前掲邦訳書, 282ページ。

42) Hallowell, op. cit., p. 515.

43) O'Reilly Ⅲ & Pfeffer, *op. cit.,* p. 47.

(中川 誠士)

第8章　フォード社の従業員参加

1　従業員参加とは何か

　従業員参加（Employee Involvement）は，長らくＨＲＭ手法や経営管理のキーワードとなっており今日も盛んに導入・実践されている。フォーチュン1,000社の82％以上がなんらかの形で従業員参加を導入し[1]，推定30,000の職場が従業員参加を実践しているという報告もそのことを裏づけている[2]。それでは従業員参加とはどのような管理手法なのであろうか。さまざまな定義があるが，ここでは簡潔に従業員をなんらかの形で意思決定に関与させる管理手法としておく。具体的にはクオリティ・サークル，チーム制度，労働生活の質改善（Quality of Working Life，以下ＱＷＬ）プログラム，職務再設計，労使共同委員会（労使協議制などの代表者参加制度），従業員持ち株制度，利潤分配制度などの手法を指すものとする。

　本章では，フォード自動車会社（Ford Motor Company，以下フォード社）で実践されている従業員参加について検討していくのだが，その前に注意を促しておかねばならないことがある。それは，フォード社におけるプログラムの名称もまさに「従業員参加」（Employee Involvement）なのであるが，われわれが従業員参加という言葉を用いる場合は，通常，上記の幅広い概念を意味するのである。一口に従業員参加を実践しているといっても各企業によって，用いる手法，意思決定に関与させる程度（つまり権限委譲の程度）は千差万別なのである。したがって，本章で取り扱うケースもたまたま名称は同じだが従業員参加の一事例に過ぎないことを確認しておきたい。そこで，以下，誤解を避けるためにフォード社の従業員参加プログラムを指す場合，頭文字をとってＥＩと表記す

ることにする。従業員参加と表記する場合は，上記のより広範な管理手法全般を指すこととする。

2　ＥＩ導入の背景とその理念および構造

(1)　ＥＩ導入の背景

　フォード社でＥＩ導入が正式に決定されたのは1979年全米自動車労組(United Automobile Workers, 以下ＵＡＷ)とフォード社との全国労働協約改定交渉においてであった。そもそも1970年代に入ってアメリカ自動車産業は２つの大きな問題に直面していた。１つは，行き過ぎたテイラー主義による労働の陳腐化・非人間化である。若年者を中心に労働者の勤労意欲は漸減し，しばしばアブセンティズム，労働移動，さらにはストライキという手段でそうした労働に対する不満を訴えたのである。この問題は経営側にさまざまなコストを強いるし労働生産性に負の影響をもたらす。加えてこの問題に対する社会的関心も高まり，経営側としては放置できなくなっていた。もう１つの問題とは，日本企業を中心とした海外企業との競争で当時のビッグ・スリーが劣勢に立たされていたことである。

　以上の問題への対処策の１つとしていわゆるＱＷＬプログラムが注目されるようになった。すなわち，機械にペースを規定された単調かつ孤独な作業や険悪な労使関係を改め，職場環境を改善しようとする試みが見受けられるようになったのである。そして，1979年を境にしてＱＷＬプログラムに質的な変容が見られるようになった。上記の問題のうち，後者の企業競争力にウエイトをおいたプログラムが実践されるようになったのである。つまり，ＱＷＬプログラムを通じて，従業員が有する知識を活用し，あるいはまた良好な労使関係を構築することで直接・間接的にコストを削減し競争力を強化することが意識され始めたのである。もっとも，コスト削減や生産性向上を直接の目標としては明示していない点がＱＷＬプログラムの特徴でもある。あくまで労働者の「参加」を前面に出したい経営者と労働組合の意向が反映されているからである。けれ

ども1979年頃を境にしてQWLプログラムは理念的なものからより実践的な管理施策へと脱皮したということがいえるだろう[3]。そしてフォード社における実践的QWLプログラムがEIに他ならない。

QWLの取り組みに関しGMに遅れをとっていたフォード社が、従業員を日本企業の工場見学に派遣するなど入念な下準備をしたうえで、満を持して導入に踏み切ったのがEIなのである。1979年の協約改定交渉の過程でEIについて話し合いがなされ、その結果、会社と組合の双方がそれに取り組むことを確約する合意書にサインがなされた[4]。その際、①EIが団体交渉から切り離されていなければならず、苦情処理手続あるいは他の契約条項の代替物であってはならないこと、②EIへの参加は厳密な意味で自主的なものでなければならないこと、③EIプロジェクトは工場現場の環境や必要に基づいたものでなければならないこと、などが労使の代表者によって取り決められた。これらのことはEIの性格を理解するうえで重要である。

EIは続く1982年協約締結を契機に発展することになった。この協約が結ばれた1980年代初頭は、自動車産業における競争が激しさを増し、フォード社の業績は悪化の一途をたどっていた。たとえば、1981年の業績は世界ベースで10億6千万ドルの赤字、北米のみでは12億ドルの赤字を出すという散々な結果だった[5]。こうした事情から、フォード社は徹底したコスト削減を実践する必要があったのである。そこで、1982年協約では賃上げゼロ、有給休暇の削減、新規採用労働者の賃金切り下げなどが取り決められ、人件費の削減が進められることになった。従来、自動車産業の従業員は4半期、および1年ごとに必ず賃金が引き上げられることになっていた。賃金の引き上げなしというのはかつてない従業員側の譲歩だったのである。1980年代の協約更改交渉では、フォード社に限らず、多くの産業で従業員側がこうした譲歩を迫られた。そこでこれらの交渉は「譲歩交渉」(consession bargaining) とも総称される。フォード社の従業員は以上のような譲歩を余儀なくされた一方で、「終身雇用工場」の実験的設定、部品の外部調達による工場閉鎖の停止、失業中の従業員への継続的所得保障、あるいは利潤分配制の導入などの見返りも得た。さらに、あくまでの

団体交渉に従属するものという位置づけのもと，相互発展フォーラム（Mutual Growth Forum）が設置され，従業員が事業展開に関する意思決定への参加機会を有することとなった。また，労使共同での従業員能力開発・教育訓練プログラム（UAW－Ford Employee Development and Training Program）が導入され，失業中の従業員も含め，あらゆるフォード社の関係者に能力開発や教育訓練の機会が付与された。このようにさまざまな制度が創設され，労使協力体制が拡充されたことと歩調を合わせてＥＩの拡大・本格化が進んだ。そもそもこの1982年協約という画期的な協約の締結は，ＥＩによって信頼関係が築かれたからこそ実現したのであり，まさにＥＩの賜物だとする指摘もある[6]。けれどもこのＵＡＷとフォード社の1982年交渉を含めた，いわゆる譲歩交渉に関する評価は意見が分かれている[7]。

(2) ＥＩとは

ここではフォード社社内でのＥＩの定義そしてＥＩの構造を概観しておこう。フォード社の従業員向けパンフレットでは，ＥＩの基本的考え方（philosophy）が次のように説明されている。すなわち「ＥＩは労働や作業現場に影響を及ぼす重要な意思決定への参加機会をフォード社従業員に与えるプロセスである。そのプロセスは作業グループ，チーム，フォーラムなど多様な方法で活用される。従業員が『製品品質』，『生産能力』，『作業環境』改善の支援に関与することが重要な特徴」であり「……もっとも重要な資源であるヒト（people）を活用する最善の方法である。」[8] このように，従業員の「経営参加」を一義的なものにしながらも，品質・生産性改善に貢献する活動であることを謳っているのである。

続いてＥＩの構造である[9]。ＥＩを実質的に統括するのがＥＩ全国共同委員会（National Joint Committee on Employee Involvement）である。ＥＩ全国共同委員会は同数の組合側代表者と会社側代表者から構成され，ＵＡＷ副会長フォード社部門代表およびフォード社の副社長が共同で議長を務める。既存のＥＩ活動の評価，新たな活動の開発，現場からＥＩに不満が出た場合の調査，活動結

果に関するUAWへの報告などEI全国共同委員会の責任は大きい。EI全国共同委員会が示した基本方針の枠内で，実際に個々のEI活動を運営するのは現場レベルで設置される現場共同運営委員会（Local Joint Steering Committee）である。この現場共同運営委員会が，新規プランの開発および既存プランの監督・支援，問題解決などEIに関する責任の主体となるのである。現場共同運営委員会は一般的に工場長と支部組合の委員長が議長を務め，若干名の経営側代表者と組合側代表者から構成される。そして現場共同運営委員会の指示と基本方針のもとEI活動を調整するのが従業員リソース・コーディネーター（Employee Resource Coordinator, 以下ERC）である。ERCは，EI活動を支援するとともに，現場共同運営委員会やEI全国共同委員会との意思疎通を図るなど中心的な役割を果たす。

他方，フォード社とUAWはEIのためにさまざまな支援活動を行っている[10]。いくつか例をあげれば以下のとおりである。まず，EI参加者それぞれのポジション（具体的には，工場管理者，支部組合代表者，ECR，グループ・リーダー，一般従業員）に応じたワークショップや訓練プログラムを実施して各々に技能修得の機会を与えている。また，企業外での各種講習会およびセミナー等への出席を奨励するための金銭援助も制度化されている。さらに，外部コンサルタントの活用が奨励されるとともに，会社の専門スタッフによる協力も保障されている。全社あげてのEI支援体制が整備されていることがわかる。

次に，節を改め，EIの具体的な活動内容とその経営上の位置づけについて概観しよう。

3　EIの活動内容および経営上の位置づけ

(1)　EIの活動内容

EI活動の中核をなすのは問題解決集団・チーム（problem-solving groups and teams）である。これはクオリティ・サークル（日本でいうQCサークル）のようなものと考えてよい。通常週1回ミーティングを開き，職場の問題につい

て話し合うのである。ミーティングへ出席している時間に対しては賃金が支払われる。また，先述のとおり，こうした活動に参加するかどうかは従業員の意思に委ねられる。議論，検討される内容は，照明の改善，不具合のある機械や部品の修繕，ワークステーションの再配置など実に多様である。納入された部品の品質が良くないことから，部品製造業者を訪ね指導したというケースもあった[11]。

問題解決集団・チーム以外の活動も次第に増えていった[12]。たとえば次のような諸手法が実践されたのである。①職場の作業集団間の垣根を越えて活動するインターフェイス集団(interface groups)。②新技術導入やラインの再編成，製品や設備の変更など作業関連の変革を行う際，必要に応じて特別に結成される特別チーム (ad hoc teams)／オポチュニティ・チーム (opportunity teams)。③特定のイベント，たとえば工場設備の一般公開，自動車ショー，ＥＩ全国共同委員会の訪問などが行われる場合に結成され，任務遂行後解散する特別プロジェクト・チーム（special project teams)。④製品開発やプロセス開発の最終段階に参加するために結成された立ち上げ支援チーム(launch teams)。これら以外にもＥＩには多様な形態が存在しさまざまな活動が実践されている。ただし，先にも触れたが，団体交渉で扱うべき契約事項（contractual issue）に該当する内容は避けられねばならない。すなわち，賃金，労働時間，安全・衛生など労働条件に関することをＥＩ活動で話し合うことは原則としてタブーなのである。こうした制約のもつ意味については後に触れる。

(2) ＥＩの経営上の位置づけ

次に，ＥＩが経営上どのように位置づけられているのかを見てみよう。フォード社のトップ・マネジメントは1980年代初頭の苦境期にあって，同社の抱える問題の一部を３つの観点から明確にした。すなわち，会社の硬直的構造，幅の狭い職務専門化，そして敵対的な労使関係である。そのうえで，ＥＩを推進しこれらの問題を解消するとともに品質改善を実現することが苦境を乗り切る鍵であると判断した[13]。このことは1984年に当時の社長ドナルド・ピーター

第8章　フォード社の従業員参加

セン (Donald Petersen) によって発表された「会社の使命と指針 (Company Mission and Guiding Principles)」からも理解できる。会社の使命としては，製品やサービスを絶え間なく改善し顧客満足を満たし，利潤をあげ，株主に報いることが掲げられている。そして，この使命を達成するための指針 (Guiding Principles) のなかで「ＥＩはわれわれの生活様式 (way of life) である」(われわれはチームである。われわれはお互いに信頼し敬意をもって接しなければならない) ことが訴えられている。従業員を意思決定に参加させることが，顧客満足・利潤・株主満足の獲得という最終的な経営目標を達成するために不可欠だと認識されているのである。フォード社において意思決定に参加する経路はこのＥＩだけではない。ＥＩ活動はブルーカラー従業員のみを対象にしているのだが，管理者・監督者といったホワイトカラーを対象にした活動も別途制度化されている。それが参加的経営 (Participative Management, 以下ＰＭ) である。図表8－1に示されるように，フォード社ではこのＰＭとＥＩを通じて全従業員が計画化・目標設定・問題解決・意思決定といった重要な管理プロセスに「参加」することが期待さ

図表8－1　ＰＭ－ＥＩモデル

従業員の視点	重要な管理プロセス	管理者の視点
従業員参加 (Employee Involvement) 指標： ・私は意思決定プロセスに参加している。 ・私は問題解決集団に参加している。 ・私の意見を聞き出すために十分な努力がなされている。	計画化 ・ 目標設定 ・ 問題解決 ・ 意思決定	参加的経営 (Participative Management) 指標： ・私は従業員を意思決定プロセスに参加させている。 ・私は従業員の意見を聞き出すために努力している。 ・私は従業員を問題解決集団に参加させている。

出所）　Paul A. Banas, "Employee Involvement: A Sustained Labor／Management Initiative at the Ford Motor Company," John P. Campbell, Richard J. Campbell, and associates eds., *Productivity in Organizations: New Perspectives from Industrial and Organizational Psychology,* Jossey－Bass Publishers, 1988. 406ページ より作成。

れている。つまり，フォード社では全従業員による「経営参加」が制度化されているのである。とはいえ，これはあくまでも制度上の話であってフォード社の従業員，とりわけブルーカラー従業員が実際どのようなレベルの事項に関してその意思決定に参加しているのかは詳細な調査が待たれるところだが[14]，ＥＩが経営管理上きわめて重要視されていることは間違いない。

4　ＥＩを巡る諸見解

(1)　ＥＩを評価する見解

　フォード社におけるＥＩはどのように評価されているのだろうか。まず，その成果を強調する見解から見ていこう。

　経営危機を脱するためフォード社は1980年代中に品質重視の経営へ大胆に転換したのだが[15]，現場でその一翼を担ったのがＥＩ活動であった。すなわち，従来は検査工にあった品質責任を現場従業員の職務にも組み込む一方，ＥＩを通じてライン外でも品質問題に取り組ませたのである。その結果品質改善が実現したという。具体的に，自動車は50％以上，トラックについては47％以上品質が改善したと指摘されている[16]。このようなＥＩ活動の取り組みなどもあって，近年の横転事故問題で揺らぎつつあるとはいえ，いわゆる当時のビッグ・スリーのなかで品質がもっともよいのはフォード社であるとする評価が長らく一般的であった。さらに，オイル・ショックによる経営危機を乗り越えて以降1990年代を通じて，フォード社はビッグ・スリーのなかでもっとも安定した経営を展開することができたのである[17]。

　他方で，ＥＩは職場の労使関係の改善にも貢献したとされる。すなわち，ＥＩ活動を通して従業員と監督者の間のフェイス・トゥー・フェイスなコミュニケーションが改善されたのである。組合役員と工場経営者との関係も変化した。経営側がレイオフや新規機械の導入などに関する情報を組合側に提供する一方で，そうした変革を実践する方法について組合側にアドバイスを請うという光景も見られるようになった[18]。このように従来は敵対的であった関係が改めら

れていったのである。ＥＩを契機としたこのような労使協力体制はフォード社においてその後も堅持されていくのである。

ＥＩが品質や労使関係を改善したという上述の評価は，同活動の主役である現場従業員のコメントからも裏づけられる。たとえば，フォード社のミシガン・トラック工場（Michigan Truck Plant）で行われた聞き取り調査においても，複数の従業員たちがＥＩ活動による改善効果を証言している。要約すればＥＩによって職場の労使関係，従業員自身の意欲・態度，そして品質が改善したというのである[19]。職場の労使関係についていえば，かつて従業員を見下していた管理・監督者が態度を改め，敬意をもって彼らに接し，彼らが述べることに真摯に耳を傾けるようになった。従業員自身の意欲や態度もＥＩを通じて変わったという。自分たちの職務以外については一切無関心であった従業員たちが，会社利益を増大するため様々な問題について議論しその解決に努めるようになったのである。品質の改善については，ある従業員がメーカー保証による修理件数が減ったことや自分たちが10〜15年前の半数の労働力でよりよい品質を達成していることを誇らしく語っている。

ＥＩが団体交渉を浸食しないように組合側コーディネーターや一般従業員が配慮している様子も同様の調査における彼らの発言から窺える[20]。ＥＩ活動での話し合いが安全・衛生，作業標準，処遇など契約事項に立ち入らないよう常に注意し，もし契約事項に該当する事柄に言及する者がいれば，組合苦情申立人（committeeman）と相談するよう指導するのだという。組合−経営者間の契約事項以外に，職務削減につながる合理化もＥＩ活動のテーマとしてはタブー視されている。この２点さえ守られるのであればＥＩ活動は労使双方にとって歓迎すべきものであるというのが平均的従業員の認識のようである。

以上，ＥＩが品質や労使関係の改善をもたらしており，団体交渉との棲み分けもうまくいっているとする評価を見た。こうした積極的な評価はフォード社従業員の多数派の見解とみて間違いない。なぜなら，フォード社の従業員が概ねＥＩに満足していることがいくつかの調査によって証明されているからである。たとえば，1982年にフォード社が実施した調査ではＥＩプログラム参加者

の82％が職務に満足していると答えているし[21]，1986年の従業員コミュニケーション調査によれば調査対象従業員の80％以上が従業員の参加は自分たちと会社にとってよいものであると信じていた[22]。しかしながら，ＥＩに対し懐疑的もしくは批判的な従業員がいることも見落としてはならない事実である。次項でそうした従業員たちの述べるところを見てみよう。

(2) ＥＩを否定的に捉える見解

　前項で取り上げたミシガン・トラック工場での聞き取り調査では，ＥＩを否定する意見も見受けられる。ある従業員はＥＩを含む労使協調路線そのものに対し批判的な見解を示している。この従業員は，かつての敵対的な労使関係を懐かしみ，経営に協力的な現行組合の姿勢を批判するのである。その一方で，ＥＩについても会社を儲けさせる心理学の手法に過ぎないのでありそうした活動に参加することはばかげていると述べている[23]。

　次に，ＥＩ活動の真の目的は合理化であり，結局は自分たちの職務数を削減することになるとして同活動を批判する従業員もいる[24]。事実ある従業員はＥＩ活動による改善がラインのスピード・アップをもたらしたことを指摘し，その分だけ会社のためのただ働きが増えたことに憤慨している。さらに，ＥＩが合理化手段であるという見方をすれば，それに積極的に参加する従業員にも不信感を抱くようになるのは当然といえる。ＥＩ活動参加者たちは，同活動のために２～３時間通常作業を離れて自らは楽をしながら，ミーティングで他人の職務の作業負荷を高めるような提案を行っている。このように不快感を隠さない従業員もいるのである。

　以上，ＥＩを肯定する見解と否定的にとらえる見解の双方をみた。否定的な見解を述べる従業員は，ＥＩに限ることなく，根本的に経営側を信用しておらず，あくまで対決的な姿勢を貫くことがあるべき労働者側の態度と考えているようである。ＥＩを通じて経営側に協力する者を批判する否定派の声はうえで見たが，肯定派は肯定派で否定派を牽制している。すなわち，否定派はＵＡＷの立場を重視するあまり自分たちが社員であることを忘れている。今日の企業

間競争を勝ち抜くためには社員が品質を改善し利益に貢献することが肝要である。概ね以上のようにＥＩ肯定派は訴えている[25]。組合員である前に社員であることを重視しているとも理解できる発言が印象的である。

このように，両者の考え方の間には深い溝があるといわねばならない。しかし，肯定派の従業員にもＥＩに対する一抹の不安があることに留意せねばならない。たとえば，ＥＩ活動を積極的に捉えている従業員も，活用の仕方しだいではＥＩが職務削減につながりうることを否定してはいないのである[26]。おそらくすべての従業員が共有しているであろうこうした不安・警戒心は，ＥＩやそれを巡る労使協力体制のあり方に強く影響せざるを得ない。次にこの点について検討しよう。

(3) ＥＩを巡る労使協力体制の実際

上に見たミシガン・トラック工場の従業員の対するインタビューは1986～87年に行われたものであり資料としてはいささか古いものといわねばならない。1980年代初頭の15万人にもおよぶ大量解雇を実施して以降，フォード社は極力解雇を回避してきた。さまざまな事情で従来の職務を失った従業員に対しては新た仕事を与えることでレイオフを控えてきたのである。こうした会社側の姿勢を見てＥＩが職務の削減につながるという疑念は薄らいできているという[27]。けれども，これをもってＥＩさらには経営側への全面的な信頼が構築されたとみるのは早計である。実験的導入[28]を例外として，フォード社では職務分類（job classification）の削減を伴うチーム制度の導入が進んでいないことがその証左といえる。つまり，経営側による裁量権の濫用，あるいは職務の削減を警戒して，フォード社の従業員は職務分類，さらにいえば職務規制（job control）の放棄をためらっているのである[29]。労使協力体制はビッグ・スリーのなかでもっとも進んでおり，相応の成果をあげてはいるものの，経営側への全面的信頼を構築するまでには至っていない。これがＥＩを巡る労使協力体制の実状といえよう。

5 小 括—EIの特徴と1990年代HRM上の意義—

　ここではまず前節までの内容を踏まえてフォード社におけるEIの特徴を長短双方について整理しよう。引き続き，1990年代以降の同社HRMにとってEIの意義は何であったのかについて検討し本章を結びたい。

(1) EIの特徴

　フォード社のEIは会社側・組合側双方のイニシアチブのもと運営されており，EI活動への金銭的・人的支援や教育訓練機会の付与も制度的に保証されていた。まさに全社あげての取り組みであることがEIの特徴として指摘できる。次に，EI活動に参加するかどうかを従業員の判断に任せること，団体交渉で扱う契約事項を回避することが同活動の基本方針となっていた。このように従業員や組合への配慮がなされている点もEIの大きな特徴といえよう。

　EI活動の具体的成果として，多くの従業員が，やり甲斐のある活動や人間らしい扱いを通じ誇りを取り戻せたことに満足していた。経営側は協調的な労使関係の構築と品質の改善を成果として報告していた。このように，EIは労使双方に一定の成果をもたらしたのであり，その意味では1つの理想的な従業員参加の形態として評価してもよいであろう。

　しかしながら，EI活動にいくつかの限界や問題点があることもまた事実である。まず，団体交渉で扱うべき契約事項をEIで扱ってはならないとする取り決めを制約要因としてあげねばならない。上述のように，これは組合への配慮なのだが，厳格にこの取り決めに従えば職場環境など労働条件の目に見える改善をEIに期待することはできなくなる。次に，EIへの参加を従業員の自発性に委ねるというルールにも同様の問題がある。経営側は人的資源活用上の制約を受けることになるし，やり甲斐のある活動を経験する機会を失いうるという意味で従業員にとっても損失となるからである。積極的に取り組む従業員と消極的な従業員の間の見解の相違を顕在化させることもこのルールの弊害の

1つといえるだろう[31]。さらに，ＥＩは職務分類の削減をもたらすチーム制度へと発展できていないことを先に確認した。このためフォード社従業員の職務内容は依然細部まで厳格に定められており人的資源の柔軟な活用が難しくなるのである。

それではこうした点をただちに改めればよいのかというと，ことはそう容易ではない。先に見た制約要因が従業員と組合にとってはＥＩ協力の前提条件でありまた権利になるからである。従業員に認められている権利（とりわけ労働組合活動）と従業員参加をどう両立させるのかはフォード社に限らず，組織化されたアメリカ企業共通の課題となっていることに留意せねばならない。

以上をまとめれば，労使共同でＥＩの運営に当たり労使双方に一定の成果をもたらしていること，けれども経営側の意向からすれば組合への配慮からより有効と思われる従業員参加形態に移行できていないことが現行ＥＩの特徴といえよう。

(2) ＨＲＭの観点から見たＥＩの意義

1980年代末以降，チーム制度の導入やそれに伴う賃金体系の改定などドラスティックな改革を進めたＧＭやクライスラーとは対照的に，フォード社は一貫して労使協力体制の形成・維持を優先してきた。したがって，この労使協力体制の形成・維持が1990年代を通じた同社ＨＲＭの特色といってもよい。こうしたＨＲＭ施策（もちろんＥＩも含まれる）を通じて品質改善を成し遂げ，同社が米国ビッグ・スリーのなかで1990年代中もっとも安定した経営を展開しえたことは先に触れたところである。そしてフォード社が従来の敵対的労使関係から労使協力体制に路線変更する大きな契機となったのがＥＩであった。ところで通説では，協力的な労使関係，教育訓練による人材育成，および高賃金・高付加給付や安定雇用の付与を通じて従業員の労働意欲を高めることが現代的なＨＲＭの特徴であるとされている[32]。こうした共通理解を所与とすれば，ＥＩがフォード社における現代的ＨＲＭの嚆矢であったとみなせるだろう。このようにＥＩはフォード社のＨＲＭ上極めて重要な役割を果たしたのである。

他方,これまでのところEIは伝統的なニューディール型労使関係の枠組みのなかで運用されてきた。1990年代の経営状況を見る限り,組合が許容する範囲内でのEIの実践はそれなりに功を奏してきたといえよう。けれども,このような運用形態をとるがゆえにフレキシビリティなど効率性という尺度からEIが大きな制約を受けていることはすでに指摘した。こうした制約にもかかわらずフォード社が今後も労使協力体制を優先していくのか,それともニューディール型労使関係の枠組みを越えるようなEIその他のHRM施策を新たに実践するのか。これはアメリカにおけるHRMおよび労使関係の動向を理解するうえで注目すべき問題であろう。

(注)

1) E E. Lawler Ⅲ, G. E. Ledford, Jr., and S. A. Mohrman, *Employee Involvement in America*, American Productivity & Quality Center, 1989, p. 9.
2) § 2 of Teamwork for Employees and Managers Act of 1997 (H. R. 634 ; S. 295).
3) H. C. Katz, *Shifting Gears*, The MIT Press, 1985, pp. 73-79;島田晴雄『フリーランチはもう食えない』日本評論社,1984年,59-76ページ。
4) *Letters of Understanding between UAW and Ford Motor Company* (Covering Agreements Dated October 4, 1979).
5) 吉田信美『フォードの逆襲』NESCO,1988年,84-85ページ;Donald F. Ephlin, "SMR Forum : The UAW-Ford Agreement-Joint Problems Solving," *Sloan Manag- ement Review*, Winter 1983, p. 61.
6) P. A. Banas, "Employee Involvement," J. P. Campbell, R. J. Campbell, and associates eds., *Productivity in Organizations*, Jossey-Bass Publishers, 1988, p. 401.
7) 譲歩交渉については,以下も参照のこと。仁田道夫「労働組合に対する経営の挑戦」『日本労働協会雑誌』第325号,1986年;萩原 進「1987年自動車産業の協約更改交渉」『日本労働協会雑誌』第343号,1988年;秋元 樹『アメリカ労働運動の新潮流』日本経済評論社,1992年,15-26ページ,116-132ページ;島田晴雄,前掲書,45-46ページ,129-148ページ;T. A. Kochan, ed., *Challenges and Choices Facing American Labor*, MIT Press, 1985, Chapter 10, 11 ; Katz, *op. cit.*, Chapter 3.
8) UAW Ford National Program Center, *Employee Involvement : Handbook*, Willens, 1998, p. 3.
9) *Ibid.*, pp. 5-8 ; 1999 *Agreements between UAW and the Ford Motor Company*, Appendix E-Memorandum of Understanding Employee Involvement Process, pp. 149-154.
10) *Ibid.*, Agreements, pp. 154-155;Banas, op. cit., pp. 398-401;島田,前掲書,

42−43ページ。
11) Katz, *op. cit.*, pp.80−81 ; R. Feldman and M. Betzold, *End of the Line*, University of Illinois Press, 1990, p.20, 43.
12) Banas, op. cit., pp.397−398, 412−413 ; 島田、前掲書、43−45ページ ; Katz, *op. cit.*, pp.80−81 ; E J. Savoie, "'We Are a Team' Programs," *Work in America*, vol. 14, number 4, 1989, p.1.
13) J. P. MacDuffie, "International Trends in Work Organization in the Auto Industry," K. S. Wever and L Turner eds., *The Comparative Political Economy of Industrial Relations*, IRRA Series, 1995, p.83.
14) コーハン（T. A. Kochan）らによれば、労使関係は経営戦略に関わる意思決定を行う戦略レベル、人事・労務管理に関わる機能レベル、そして職場の諸事項に関わる職場レベルの三層に区分されるという（T. A. Kochan, H. C. Katz, and R. B. McKersie, *TheTransformation of American Industrial Relations*, ILR Press, 1994, pp.15−20）。
15) エドワード・デミング（Edward Deming）の招聘が品質重視の経営に転換する大きな契機となったのである。
16) Banas, op. cit., p.413.
17) 公文　溥「自動車産業－ビッグ・スリーの回復－」萩原　進・公文　溥編『アメリカ経済の再工業化』法政大学出版局、1999年、69ページ ; MacDuffie, op. cit., p.81, 83.
18) Katz, *op. cit.*, p.81 ; ヘドリックス・スミス著／櫻井元雄訳『アメリカ自己変革への挑戦』角川書店、1996年、302−303ページ。
19) Feldman & Betzold, *op. cit.*, pp.19−21, p.32.
20) *Ibid.*, p.20, 38.
21) Banas, op. cit., p.403, Table 14.1.
22) D. K. Denton, "The Power of EI at Ford," *Journal of Managerical Psychology*, vol.6, number 3, 1991, p.24.
23) Feldman & Betzold, *op. cit.*, p.195.
24) *Ibid.*, pp.241−242, p.265.
25) *Ibid.*, p.19, 33.
26) *Ibid.*, p.20.
27) スミス、前掲邦訳書、307−308ページ。
28) シャロンビル（Sharonville）のトランスミッション工場でチーム制度が実験的に導入され大きな成果をあげたとされる(See., J. V. Hickey and J. Casner−Lotto, "How to Get True Employee Participation," *Training & Development*, February 1998, p.59 ; B. Bluestone and I. Bluestone, *Negotiating the Future*, BasicBooks, 1992, pp.175−177. 岡本　豊訳『対決に未来はない』新潮社、1997年、202−203ページ ; スミス、前掲邦訳書、295−296ページ）。
29) スミス、前掲邦訳書、307−310ページ ; Katz, *op. cit.*, pp.83−84 ; MacDuffie, op. cit., 83−84 ; 下川浩一『日米自動車産業攻防の行方』時事通信社、1997年、140ページ。

30) Katz, *op. cit.*, p.83.
31) A. E. Eaton and P. B. Voos, "Unions and Contemporary Innovations in Work Organization, Compensation, and Employee Participation," Lawrence Mishel and Paula B. Voos eds., *Unions and Economic Compctitiveness*, M. E. Sharpe, 1992, p. 197；吉田，前掲書，79ページ；秋元　樹，ロバート・E・コール「アメリカ自動車工場におけるQCサークル」『日本労働協会雑誌』第293号，1983年，30ページ。
32) 萩原　進「アメリカ労使関係の転換」萩原・公文，前掲編著書，293－296ページ。

＜参考文献＞
［１］　萩原　進・公文　溥編『アメリカ経済の再工業化』法政大学出版局，1999年。
［２］　ポール・イングラーシア，ジョゼフ・B・ホワイト著／喜多迅鷹訳『勝利なき闘い』角川書店，1995年。

＜謝辞＞
　本章執筆に当たり，ＵＣＬＡのジャコービー（Sanford M. Jacoby）教授およびＵＡＷから貴重な資料を頂戴した。また高校時代からの友人，総務省官僚坂越健一君にはたびたびＵＡＷとの仲介の労を執っていただいた。記して謝意を表したい。

（橋場　俊展）

第9章　GMにおけるヒューマン・リソース・マネジメントの系譜

本章は，アメリカ自動車産業の雄であるGM（General Motors）を対象とし，1970年代初頭のQWL（Quality of Working Life：労働生活の質の向上）プログラムから，1980年代に操業を開始したNUMMI（New United Motor Manufacturing Inc.），サターン（Saturn）までを早足で振り返る。これには2つの理由がある。1つは，HRMの先駆け的存在であったQWLが最初に足場を固めたのが，GMであり，UAW（United Automobile Workers：全米自動車労組）であり，自動車産業だったからであり[1]，もう1つは，経営側と労働側の新たなパートナーシップを構築したサターンが，QWLから始まった伝統的な労使関係システムの変容の頂点に位置するからである[2]。

1　QWLの出現

(1)　ニューディール型労使関係の動揺

1930年代から1980年代初頭までアメリカ産業社会の基調を成したニューディール型労使関係は，「経営は行動し（act），労働者と組合はそれに反応する（react）」という原則を中心的教義としてきた[3]。これは，労働組合は政治的目標を放棄し，もっぱら団体交渉を通じて労働条件の改善を目指すべきであるとするビジネス・ユニオニズムを反映したものであった[4]。

ニューディール型労使関係の職場レベルの活動を支配しているのは，職務規制組合主義（job control unionism）である。これは，職務内容とそれに対応する賃金率，労働者の各職務への配置，昇進，配転，解雇，再雇用などを明確に定義した詳細な協約（ワークルール）と，それを円滑に運用するための苦情処理制度から構成されている[5]。ちなみに，アメリカ労使関係の一方の当事者である

産業別組合（図表9－1参照）は，ローカル組合（local union）と全国組合（national union）の二重構造をもつが，個々の労働者とじかに接し，組合の日常的活動を支えているのは前者である。

さて，1980年代以降，ニューディール型労使関係は大々的な変容を見せる（たとえば，図表9－2が示すように，労働組合の組織率は長期低落傾向にある）のだが，なかでも職場レベルの変革を担ったのは，QWLであった。QWLは，産

図表9－1　アメリカの主要な労働組合（1995年10月現在）

組　合　名	略　　称	組合員数(万人)
国際運転手・倉庫・助手友愛組合	Teamsters	128.5
全米州・郡・市労働組合	ＡＦＳＣＭＥ	118.3
国際サービス労働組合	ＳＥＩＵ	102.7
国際食品・商業労働組合	ＵＦＣＷ	98.3
全米自動車・航空機・農業機械労働組合	ＵＡＷ	75.1
国際電気工友愛組合	ＩＢＥＷ	67.8
全米教師連盟	ＡＦＴ	61.3
全米鉄鋼労働組合	ＵＳＷＡ	48.1
全米通信労働組合	ＣＷＡ	47.7
国際機械工組合	ＩＡＭ	44.8
全米大工・指物師友愛組合	ＣＪＡ	37.8
国際労働者組合	ＬＩＵＮＡ	35.2
国際運転技術者組合	ＩＵＯＥ	29.8
全米郵便労働組合	ＡＰＷＵ	26.1
全米縫製・繊維労働組合	ＵＮＩＴＥ	25.1
国際ホテル・レストラン労働組合	ＨＥＲＥ	24.0
国際製紙労働組合	ＵＰＴＣ	23.3
全米・加配管工組合	ＰＰＦ	22.0
全米郵便集配人組合	ＮＡＬＣ	21.0
全米政府職員組合	ＡＦＧＥ	15.3
国際消防士組合	ＩＡＦＦ	15.1
国際電気・電子機器労働組合	ＩＵＥ	13.5
国際板金工組合	ＳＭＷＩＡ	10.5

出所）　岡崎淳一『アメリカの労働』日本労働研究機構，1996年，213ページ。

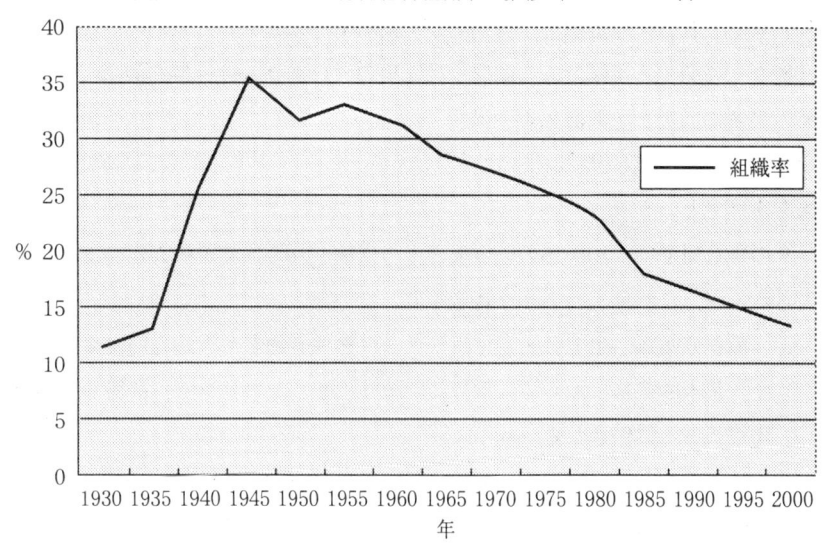

第9章　GMにおけるヒューマン・リソース・マネジメントの系譜

図表9-2　アメリカ労働組合組織率の推移（1930～2000年）

出所）各種資料より作成。

業，企業，職場ごとにその内容や進展の度合いを異にし，ＱＣｓ（Quality Circles），ＥⅠ（Employee Involvement），ＬＭＰＴ（Labor-Management Participation Teams），作業チーム（operating team）などさまざまな名称で呼ばれたが[6]，労使の敵対的関係の克服，労働者参加の促進，労働力利用のフレキシブル化といった特徴をもっていた[7]点で，ＨＲＭの先駆的形態とみなすことができる。

(2)　ＱＷＬプログラム

労働疎外症候群の蔓延が引き金となり，ＧＭとＵＡＷのあいだで「労働生活の質向上のための全国委員会(National Committee to Improve the Quality of Working Life)」が設立されたのは，1973年のことである[8]。

この結果，ＧＭでは種々のプログラムが実施されたが，そのなかの初期の事例に，ニューヨークのタリータウン（Tarrytown）組み立て工場がある。内装部門の34人の労働者によって1974年9月に始まった同工場のＱＷＬプログラム[9]は，3年後の1977年9月には，全従業員3,800人を対象とする大規模なも

のに発展した。その主たる内容は、QWLの意義、工場のレイアウトや生産工程、経営と組合の組織構造、労働者が労働環境を変えていくための問題解決の技術などに関する研修であった[10]。同工場のプログラムは、最終的には、①製品の品質の向上、②無断欠勤の減少（7.5％から2～3％へ）、③苦情件数の大幅な減少（かつては2,000件以上だったが、1978年12月にはわずか32件）などの大きな成果をあげたという[11]。

その後GMでは、10～15名の労働者から構成される作業チームが大々的に導入されるが、これは次のような特徴を有していた[12]。

① 職務分類は、生産労働者は単一にし、熟練労働者も大幅に削減する。また、基本的業務に加えて、検査、マテリアルハンドリング、清掃などの職務がチームに任される。

② 仕事の割り当ては、チームリーダー（俸給労働者、それゆえ非組合員）の指導のもとで開かれるチームミーティングにおいて決定される。

③ チームのメンバーは、生産上の問題を解決するために、部品のサプライヤーや工場のスタッフと接触できる。また、コストや収益に関するデータも入手可能である。

④ 労働者に数多くの職務を習得させるためのインセンティブとして、多能工化奨励加給を採用する。

このように、1970年代後半以降のQWLプログラムの典型である作業チームシステムには、労働協約の内容にまで踏み込み、伝統的な団体交渉プロセスを侵食する傾向が見られた。これに対して、タリータウンを代表例とする初期のプログラムでは、QWLの活動と通常の団体交渉に含まれる諸事項とは厳密に区別されていた[13]。

そもそも、アメリカ自動車産業の競争力回復の過程で、作業組織の再編や労働力の弾力的配置を進めるに当たって大きな障害となったのは、組合による硬直的な職務規制であった。このため経営側は、自動車不況という危機的状況を梃子に、職務分類の削減、標準作業量の増大、先任権の制限など、ワークルールの大規模な変更[14]を組合に認めさせることによって、ローカル協約で規定さ

れている権限を作業チームに移転し[15]，それによって労働力の柔軟的・効率的利用を促進しようと試みたのである[16]。そして，このような新しい労務管理モデル[17]が推進されることで，QWLは生産性向上施策としての色合いをしだいに濃くしてきた。

2　NUMMI

(1)　日本的生産システムの受容

　NUMMIは，日本の自動車メーカーであるトヨタとGMの間で1984年に設立された合弁会社である。そもそも，ホンダや日産が1980年代に現地生産を始めていたこともあり，日本的生産システムに対するアメリカ自動車メーカーの関心は高かった。しかし，彼らが自社工場に日本的生産システムを導入することには懐疑的であったといわれる[18]。

　アメリカの経営者のこのような疑念を打ち破ったのが，NUMMIの成功であった。新設工場ではなく，GMの旧工場を利用して，GM時代の労働者を数多く雇用し，さほど先進的な技術を使うこともなく，生産性向上と高品質を実現した[19]からである。つまり，組合によって組織された労働者のいる工場でも，日本と競争できるだけの生産性と品質を手に入れることができること，そしてなによりも，日本の経営技術はアメリカにおいても機能しうるということが，NUMMIの教訓となったのである[20]。

(2)　NUMMIの生産システム

　それでは，NUMMIの具体的な中味を見ていくことにしよう。

　NUMMIの生産システムの核であるチームは，チーム・リーダー (team leader：時間給労働者であり組合員，以下，TL) 1名と4～8名の労働者から構成されている[21]。

　NUMMIには，グループ・リーダー (group leader：管理職，以下，GL，グループは2～6のチームから構成されている) が就業時間の前後か昼休みに開く

ミーティングがある[22]。NUMMIとUAWの間で交わされた労働協約では，QCサークルやカイゼン活動への労働者の参加が規定されている[23]が，この種の活動はこのミーティングで実施されているものと思われる。

またNUMMIでは，チームワークを維持するために勤務時間外の活動（スポーツやパーティなど）が奨励され，会社は，メンバー1名につき6か月ごとに15ドルのPT（personal touch）資金を支給している[24]。

ニューディール型労使関係とは異なり，NUMMIの生産労働者には，ひとつの職務分類しか存在せず[25]，生産労働者全員が同一の賃金率を適用されている。また，労働者の柔軟な配置，幅広い知識の習得，負荷の均等化，作業の単調化防止などを目的として，ジョブ・ローテーション（職務交替）が実施されている。経営側は，チームの全職務，可能ならば複数のチームから構成されるグループの全職務をこなすように労働者に要求している[26]。

NUMMIの熟練労働者には，2つの職務分類が存在する。一般保全（general maintenance）と工具・金型保全（tool and die）である。一般保全工は，すべての職務を遂行できる建て前になっているが，実際にはそれぞれ，電気，配管，機械といった得意分野がある。このため一般保全工は，およそ6週間ごとに，自分の不得手な職務の研修（異職務間研修：cross-training）を2週間にわたって1日2時間受けている[27]。

NUMMIの管理階層のもっとも下のレベルは，複数のチームを担当するGLである。GLは，伝統的な工場でインダストリアル・エンジニアが行っていた仕事（作業方法や作業標準の決定や変更など）の多くを任されている。また，担当チーム内の労働者の採用の決定権も握っている[28]。

GLを補佐するのが，時間給労働者（組合員）のTLである。TLは，これまで第一線の監督者が担っていた多くの管理上の責任を負っている。そのためTLは，時間給労働者の応募者から選抜された後，内容の濃い訓練を受け，最終段階では日本で3週間におよぶ研修を受けた[29]。TLの主な仕事は，次のようなものである。①欠勤，遅刻，トイレ，医務室での治療などで不在の労働者に代わってラインにつくこと，②新しい労働者の訓練，③困っている労働者の

手助け，④労働者の出勤，遅刻，職務から離れた場合などの記録，⑤ラインが止まった場合の仕事の割り振り，⑥簡単な保全と職場の片づけ，⑦カイゼンや品質サークルの指導，⑧職場外での活動の世話[30]。

NUMMIでは，新しいモデルが導入されると，GLとTLが，タスクをできるだけ小さい単位に分解して「標準作業」表（"standardized work" chart）を作成するが，労働協約によって，標準作業の作成過程への従業員の参加が奨励されている[31]。

また，アメリカの伝統的な労使関係のもとで機能していた苦情処理制度は，NUMMIでは，「問題解決の過程（problem solving procedure）」と呼ばれ，内容もかなり変質している。

問題解決の過程は4つに分かれているが，その第1段階で，従業員はまずTLかGLと協議しなければならない。これでも問題が決着しない場合，当該従業員は，昼休みや休憩時間などを利用して職場役員（union coordinator）と協議することができる。このように，「問題」を抱える労働者は，最初は単独で経営側と折衝しなければならない[32]。これが，従来の労使関係での苦情処理と決定的に異なる点である。

NUMMIでは，多くの問題が第1段階で数日中に解決されるという。実際，経営側は，問題が大きくなってこじれるよりも，それが小さいうちに素早く解決する方を選択しているようである[33]。このため，問題解決の過程の第2段階以上はそれほど利用されない。NUMMIの協約が発動してから最初の1年半の間，第2段階に達した問題は100件に満たなかった[34]。

3　サターン

(1)　サターンの誕生

NUMMIの教訓を生かすべく，1985年にGMの100％出資によって設立されたのが，サターンである。当時GM会長をつとめていたロジャー・スミス（Roger Smith）は，サターンが「実験室」になることを明言していた[35]し，G

MやUAWの幹部たちも，NUMMIの複製をGM独自の事業として展開すれば，大きな利益をあげられると確信していたといわれる[36]。30億ドルをかけてテネシー州スプリングヒルに建設された工場は，鋳造，エンジンおよびトランスミッション，組立，圧延，車体，内装部品の各部門から構成され[37]，1990年に第1号車をラインオフした[38]。

(2) サターンの生産システム

NUMMIと同様，サターンの生産システムの核となっているのは，ワーク・ユニット（work unit）と呼ばれるチームである。6～15名の労働者から構成されるチームは，リーダーを自ら選び，ニューディール型労使関係のもとでは管理者に任されていた多くの仕事（予算の運営，品質管理，保全や修理，原材料と在庫の管理，メンバーの採用や教育訓練，仕事の割り振り，労働時間の管理など）を遂行している[39]。

サターンの労働者の多くがGMの他工場からの移籍組であるが，採用基準となったのは，勤続年数ではなく，スキルと能力（skills and abilities）であった[40]。また，採用が決まった労働者は，就業前に350～700時間に及ぶ訓練を受けた[41]。

チーム制を採用するサターンでは，職務分類は生産労働者が1つ，熟練労働者も6つしか存在しない。労働者はチーム内の職務をローテーションし，さらに，昼夜のシフトも交替している[42]。

サターンでは，「リスク・アンド・リワード（risk-and-reward）」と呼ばれる賃金制度が導入された。賃金額は，UAWとGMの間で交わされた協約の一定比率（88～95％）に留め置かれた。リスク（協約を下回る部分）は，従業員が一人当たり年間92時間の訓練を受け，目標を達成した場合にのみ支払われ，また，リワード（協約を上回る部分）は，品質，コスト，スケジュール，利益，生産量などに関して労使双方で妥結した目標に照らして決定された。リワードはこれまで従業員一人当たり，1992年に2,600ドル，93年に3,000ドル，94年に6,400ドル，95年に10,000ドル，96年に10,000ドル，97年に2,017ドル，98年に3,300ドル，99年に6,200ドルが支払われている[43]。

第9章　GMにおけるヒューマン・リソース・マネジメントの系譜

ところで，ＮＵＭＭＩとサターンの決定的な相違は，後者における労使のパートナーシップの強固な構造である。職場レベルのワーク・ユニットの上には順に，ワーク・ユニット・モジュール（Work Unit Module：ワーク・ユニットを数個グループ化したもの），ビジネス・チーム・ユニット（Business Team Unit：車体，パワートレイン，完成車の各部門ごとに設置されているので，サターンには全部で3つのビジネス・チーム・ユニットがある），工場レベルのマニュファクチャリング・アクション・カウンシル（Manufacturing Action Council），企業レベルのストラティジック・アクション・カウンシル（Strategic Action Council）が存在し，それぞれのレベルで労使の代表（労働側はＵＡＷの代表者）が共同で意思決定をしている[44]。

4　今後の動向

　紙数の都合上，本章では，1970年代以降にＧＭで生起したいくつかの出来事をきわめて簡単に振り返らざるをえなかった。

　ここでとりあげたＮＵＭＭＩとサターンは，前者がトヨタとの合弁，後者がＧＭの子会社という点からすれば，ＧＭにとってはあくまで傍流的存在でしかなかったといえるかもしれない。それゆえ，ＧＭ傘下の諸工場における労使関係の変容とは，若干異なるところもあるだろう。しかしだからこそ両工場は，ＧＭをはじめとするアメリカの自動車産業，ひいてはアメリカの労使関係全体の行路をリードしてきたと考えられないだろうか。ＮＵＭＭＩとサターンで展開されたＨＲＭ的変革は，本章の冒頭で触れた伝統的なアメリカ労使関係を大きく変えるものである。両者は，生産システムだけでなく，労使関係においてもパイロット（試行）的役割を果してきたのである。

　それでは最後に，ＧＭにおけるＨＲＭの今後を展望してみたい。

　ＧＭをはじめとするアメリカ自動車産業のビッグ・スリーが，全体として，伝統的な生産システムからチームを核とした新しいシステムへ軸足を移していることは間違いない。ただ，ビッグ・スリー各社の進度にはかなり違いがある。

もっとも進んでいるとみられるGMでさえ，当初は組合の力が比較的弱いアメリカ南部の工場で試験的に導入し，その後，段階的に北部の工場へと広げている。たとえば，リンデン（Linden），ドラヴィル（Doraville），ウィルミントン（Wilmington）といった組立工場では1998年までチーム制を採用していなかったという。また，1994年の調査によると，ビッグ・スリーの組立工場の従業員のうち，チームに編成されていたものは46％にすぎなかった。さらに，チーム制が存在する工場でも，その運用の方法に大きなバラツキがある[45]。しかし，1999年9月にGMとUAWの間で結ばれた最新の全国協約は，伝統的なニューディール型のパターンを含みながらも，HRMの前提となる労使間の協調的側面（品質の向上など）を特徴としている。この点からしても，GMにおけるHRM的方向性は今後も推進されるとみなしてよいであろう。

（注）
1）2） S.A.Rubinstein and T.A.Kochan, *Learning from Saturn : Possibilities for Corporate Governance and Employee Relations,* ILR Press, 2001, p.15−38.
3） T.A.Kochan and H.C.Katz, *Collective Bargaining and Industrial Relations*（2 nd ed.）, Irwin, 1988, p.36.
4） T.A.Kochan, H.C.Katz and R.B.McKersie, *The Transformation of American Industrial Relations,* Basic Books, 1986, p.27.
5） T.A.Kochan and H.C.Katz, *op.cit.*, p.36.
6）7） T.A.Kochan, H.C.Katz and R.B.McKersie, *op.cit.*, p.147.
8） GMにおけるQWLプログラムの沿革については以下の文献を参照のこと。A. S. Warren, "Quality of Work Life at General Motors", J.M.Rosow (ed.), *Teamwork,* Pergamon Press, 1986；松本芳男「GMのサターン・プロジェクトの意味するもの−組織デザインの観点から−」日本大学商学部現代経営研究会『現代経営研究　研究報告集』，1987年。
9）10）11） R.H.Guest, "Quality of work life−learning from Tarrytown", *Harvard Business Review,* Vol. 52, 1979, pp.80−85.
12） H.C.Katz, *Shifting Gears,* MIT Press, 1985, pp.92−94 and p.154.
13） *Ibid.*, p.76.
14） アメリカの主要産業で組合が認めたワークルールの変更の一覧に関しては，*Business Week*（May 16, 1983）の58ページを参照のこと。
15） H.C.Katz, *op.cit.*, p.95.
16）17） 木元進一郎編『労務管理の基本問題』中央経済社，1987年，19ページ。

第9章　GMにおけるヒューマン・リソース・マネジメントの系譜

18) 19) 20)　M. Parker and J. Slaughter, *Choosing Sides : Unions and the Team Concept,* South End Press, 1988, pp. 9-12. NUMMIに代表されるマネジメント・モデルを，生産システムを動かし規制する力としてストレスが機能しているという理由から，パーカーらは「ストレスによる管理（MBS：Management by Stress）」と呼ぶ。

21) 22) 23) 24)　*Ibid.,* pp. 102-116.

25)　鈴木直次『アメリカ社会のなかの日系企業－自動車産業の現地経営－』東洋経済新報社，1991年，138ページ。島田晴雄『ヒューマンウェアの経済学－アメリカのなかの日本企業－』岩波書店，1988年，28ページ。

26) 27) 28) 29) 30)　Parker, M. and J. Slaughter, *op. cit.,* pp. 102-104.

31)　*Ibid.,* p. 117. 鈴木直次氏によれば，日系企業（ＮＵＭＭＩを含む）でも作業標準の決定がマネジメント権限に属することは，アメリカのビッグ・スリーと変わらないという。ただ，日系企業の場合は，作業標準の決定にあたって，インダストリアル・エンジニアとともにＧＬあるいはＴＬが関与し，現場従業員が間接的に参加するのが一般的になっている。つまり，現場従業員もできあがった作業標準を実際に作業して，内容を具体的にチェックし，そのフィードバックにあたるというのである。そして，こうして作成された作業標準は，モデルチェンジ，新しい機械の導入，生産性向上を理由に頻繁に変更されるという（鈴木直次，前掲書，146～149ページ）。

32) 33) 34)　*Ibid.,* pp. 109-110.

35)　G. Cornette, "Saturn : Re-engineering the New Industrial Relations", J. P. Durand, P. Stewart and J. J. Castillo (eds.), *Teamwork in the Automobile Industry,* Macmillan, 1999, pp. 102-103.

36) 37) 38)　S. A. Rubinstein and T. A. Kochan, *op. cit.,* pp. 19-29.

39)　*Ibid.,* p. p22. G. Conette, op. cit., p91.

40) 41) 42) 43)　S. A. Rubinstein and T. A. Kochan, *op. cit.,* pp. 25-42.

44)　*Ibid.,* p. 22. G. Conette, op. cit., pp. 91-93.

45)　H. C. Katz and O. Darbishire, *Converging Divergences,* ILR Press, 2000, p. 38.

＜参考文献＞

[1]　木元進一郎編『労務管理の基本問題』中央経済社，1987年。

[2]　島田晴雄『ヒューマンウェアの経済学－アメリカのなかの日本企業－』岩波書店，1988年。

[3]　鈴木直次『アメリカ社会のなかの日系企業－自動車産業の現地経営－』東洋経済新報社，1991年。

（今村　寛治）

第10章　ニューコア社の労使関係と
　　　　　ヒューマン・リソース・マネジメント

　本章は1990年代半ばにおけるニューコア社（Nucor Corp.）の労使関係・ＨＲＭを中心に見てみる。ニューコア社はアメリカのミニミル（minimill）業界を代表する企業の1つで，ＵＳスティール（United States Steel Group：ＵＳＸ社の子会社。以下，ＵＳＳと略称）をはじめとする鉄鋼一貫メーカーのほとんどが停滞を余儀なくされた1970年代以降躍進を遂げ，アメリカ鉄鋼業において今やＵＳＳに次いで第2番目の地位を確保している鉄鋼メーカーである。

　ミニミルとは一般的に，一貫メーカーのように鉄鉱石やコークスの産出・加工などを行う原材料部門やこれらを用いて銑鉄に精錬する高炉部門をもたず，スクラップ（鉄クズ）を主原料に電気炉を用いて鋼を生産し，これを棒鋼（断面が○や□など比較的単純な形をしている棒状の鋼材）や形鋼（Ｈ，Ｔなどさまざまな形の断面をもつように長く伸ばされた鋼材）などの鋼材に圧延する工場ないし企業のことをいう。したがって，一貫メーカーのように大規模な生産設備を必要とせず，比較的低コストでの生産が可能なため，国内の一貫メーカーはもとより，輸入鋼材に対しても競争力を保持してきたといわれている。

　またニューコア社を含めた多くのミニミルにあっては，一貫メーカーと異なり，労働組合を承認していない。そしてその下でユニークな内容をもったＨＲＭが展開されているわけであるが，このことがミニミルを発展に導いた一因であるとの指摘も多くの論者によって示されている。

　このように，ミニミルは多くの点で一貫メーカーと異なった特徴をもち，これらがその発展を支えてきた要因として指摘されている。本章ではミニミルの雄ニューコア社を取り上げ，その発展の足跡を概観するところからはじめたい。次いで，同社の労使関係およびＨＲＭにおもな焦点を当て，各々の内容を要約的に紹介しつつ，これらが相互にどのような関連をもっているのかという点を

も交え，検討を試みようと思う。

1　急成長の軌跡

(1) ミニミル事業への参入

ニューコア社が鉄鋼生産を開始したのは，サウス・カロライナ州ダーリントン（Darlington）に製鋼工場を新設した1969年のことであった。同工場が建設された目的は，10年前にニューコア社の前身のニュークリア社（Nuclear Corp. of America）が買収し，同州フローレンス（Florence）やネブラスカ州ノーフォーク（Norfolk）などにおいて屋根用鉄骨（＝ジョイスト）の加工・組立事業を行って比較的順調に業績を伸ばしていたブルクラフト社（Vulcraft Corp.）に鋼材を供給するためであった[1]。

このダーリントン工場は，30トン電気炉1基，連鋳機1基，中型圧延機から構成され，アングルのような小型形鋼をはじめ棒鋼（ラウンド等）など，年間6万トンの鋼材を生産する能力があった[2]。同工場はブルクラフト社に安定的・経済的に鋼材を供給するという当初期待された役割を十分に果たしたといわれたが，そればかりでなく，以後ニューコア社がミニミル事業を本格的に展開する礎石にもなったのである[3]。

すなわち，1972年にはノーフォークに年16万トンの鋼材を生産する能力をもつ2番目のミニミルを新設したのをはじめ，1974年にテキサス州ジューイット（Jewett）工場——年産能力20万トン——，1980年にはユタ州プリマス（Plymouth）工場——年産能力40万トン——を相次いで建設したのである。また，これらと並行して各工場の能力増強も積極的に進め，1981年には4工場で合計約175万トンの鋼材を生産するまでになった[4]。さらに，この間社名をニューコアに変更する（1971年）とともに，ニューヨーク証券取引所への上場を果たす（1972年）など経営体制の刷新も図った[5]。

こうして，1980年代初頭のニューコア社はミニミル業界を代表する企業の1つにまで成長した。同社の諸工場は生産設備，製品，立地の点でおおよそ次の

第10章 ニューコア社の労使関係とヒューマン・リソース・マネジメント

ような特徴を備えていた。まず生産設備に関しては，電気炉・連続鋳造機・圧延機から構成されており，一貫メーカーのような原材料（鉄鉱石，コークスなど）部門や高炉部門を擁しておらず，比較的低額の資金で設置することができた[6]。また，他のミニミル同様，諸工場で生産される製品は棒鋼や小型形鋼が中心で，薄鋼板類は建設資金や鋼質の都合上いまだ生産することはできなかった。さらに諸工場はピッツバーグやオハイオ州東部といった従来の鉄鋼中心地から離れた地方に散在していた。これらの地方は，当時の多くのミニミルと同様，主原料となるスクラップが入手しやすく，電力が低コストで確保され，かつ製品市場が近接しているなどといった共通の特徴をもっていた[7]。

これらは一面ではニューコア社をはじめとするミニミルを成長に導いた重要な要因だったが，この段階ではいまだ生産量や製品が限定されていたため，一貫メーカーの隙間を埋める存在でしかなかった[8]。ところが1990年代に入ると，ニューコア社の活動はまったく新たな局面を迎えるに至ったのである。

(2) 1990年代の躍進

図表10－1は，1990年代における一貫メーカー3社とニューコア社の売上高および営業利益の推移を示したものである。1990年代半ば以降やや回復気味に

図表10－1 一貫メーカーとニューコア社の業績推移（鉄鋼部門のみ）

(100万ドル)

		1990	1991	1992	1993	1994	1995	1996	1997	1998
USS	売上高	5,877	4,600	4,752	5,422	5,918	5,301	5,311	5,574	5,012
	営業利益	437	▲235	▲140	123	412	412	166	522	331
Bethlehem	売上高	4,520	4,107	3,858	4,219	4,706	4,777	4,581	4,631	4,478
	営業利益	▲425	▲708	▲214	▲274	166	311	▲87	374	190
LTV	売上高	3,860	3,393	3,565	3,868	4,233	4,283	4,136	3,905	4,273
	営業利益	56	▲209	▲178	▲68	201	311	173	186	▲24
Nucor	売上高	1,487	1,466	1,619	2,254	2,976	3,462	3,647	4,185	4,151
	営業利益	118	96	125	200	370	431	388	460	412

注）▲は赤字
出所）『鉄鋼界』1995年5月号，12ページより。

あるものの，全体として停滞傾向が見られる一貫メーカーに比して，ニューコア社の躍進振りには顕著なものがあり，とくに営業利益は一度も赤字に転落することなく堅調に推移しているのが明らかであろう。

このような同社の躍進をもたらした要因として，いくつか考えることができるが[9]，ここでは同社が世界で初めて導入し，商業的に成功を収めることになった薄スラブ連続鋳造機（Thin Slab Caster）を挙げておきたい。この機械は，溶鋼を従来より薄いスラブ（厚さ1.5－2インチ）に鋳造した後，これに直結された少ない基数の圧延スタンドで薄板を製造することのできるもので，従来型のストリップミルに比してはるかに良好なコスト・パフォーマンスを実現しうるものであった[10]。たとえば，この機械を設置した工場の単位生産量当たりの投資額がストリップミル型の工場の「半分もしくはそれ以下」ともいわれるほど少ない設備投資額で済むと同時に[11]，操業コストが一貫メーカーに比して7～17％（1995年時）も低く抑えることができたのである[12]。

かねてよりこの種の機械の開発を進めていたニューコア社は，ドイツのSMSシュレーマン・ジーマーグ社（SMS Schloemann Siemag AG）の技術者コラコフスキー（Manfred Kolakowsky）が1983年にこれを開発し，1986年に設計を仕上げていたことを知り，同年末にはいち早くこの機械の購入契約を結んだ。翌1987年9月にはインディアナ州クロウフォーズビル（Crawfordsville）において薄スラブ連続鋳造機と冷延機などを備えた新工場の建設が始まり，1989年7月に操業を開始したのである[13]。

こうして導入されたニューコア社の薄スラブ連続鋳造機は，「アメリカの独創性と企業家精神の偶像（icon）」と称されたほど大きな注目を集め[14]，クロウフォーズビル工場以後10年足らずの間に，アメリカ国内で18もの「ミニミル型の薄鋼鈑製造」工場が新設ないし計画されるきっかけをつくったのである。ニューコア社自身も1992年にヒックマン（Hickman）工場（アーカンサス州），1997年にバークレイ（Berkeley）工場（サウス・カロライナ州）を相次いで新設し，1990年代における同社の躍進をもたらした大きな要因となったのである[15]。

図表10－2は，1996年時におけるニューコア社の工場を示したものである。

第10章　ニューコア社の労使関係とヒューマン・リソース・マネジメント

1988年に操業を開始した日本の大和工業との合弁会社を含め，合計8つの製鋼工場（粗鋼年産能力は総計1,055万トン）を中心に[16]，鉄鋼生産に参入する以前から活動を展開していたブルクラフト事業部門の6工場に加え，磨き棒鋼（棒鋼を研削するなどして，滑らかで光沢ある表面に仕上げた鋼材），ベアリング部品，留め具，ベアリングといった各種鋼製品の加工・組立事業を広い範囲にわたって展開するまでになっている。また，同年の従業員総数は6,600名を数えている。

ところで，ニューコア社の急成長はこうした新技術の積極的な導入だけでなく，一貫して非組合を貫くなど，独自の労使関係もその一因に加えられるので

図表10－2　ニューコア社の事業部門（1996年時）

事　業　部　門	工場所在地	主　な　製　品
Steel Divisions	Darlington, S.C. Norfork, Nebr. Jewett, Tex. Plymouth, Ut. Crawfordsville, Ind. Hickman, Ark. Berkeley, S.C.	棒鋼，アングル，小型形鋼，薄鋼板，その他
Nucor－Yamato Steel Co.	Blytheville, Ark.	H形鋼，鋼矢板，大型形鋼
Vulcraft Divisions	Florence, S.C. Norfolk, Nebr. Fort Payne, Ala. Grapeland, Tex. Saint Joe, Ind. Brigham City, Ut.	ジョイスト（梁），構造材
Cold Finish Divisions	Norfork, Nebr. Darlington, S.C. Brigham City, Ut.	各種棒鋼の加工材
Grinding Balls Division	Brigham City, Ut.	鉱山用各種ベアリング部品
Fastener Divisions	Saint Joe, Ind. Conway, Ark.	ボルト，ナット
Bearing Products, Inc.	Wilson, N.C.	ベアリング

出所）　Annual Report of Nucor Corp., 1996.

はないかとの指摘がしばしばなされている[17]。以下，この点について項を改めて見ることにしよう。

2　労使関係の諸相

(1) コミュニケーション

　ニューコア社の設立前後から長らく社長を務め，同社の躍進を導いたアイバーソン (Kenneth F. Iverson) は，「私は来る日も来る日も，従業員と密接な関係を持ち続けることに心を砕くよう管理者に言っている」と述べ，労使間の緊密な関係が重要であることを説いている[18]。

　また同社のＣＥＯで，「アイバーソンの教え子」といわれるコレンティ (John Correnti) は[19]，「私が工場のマネジャーだった頃，最も重要な日課は毎日１時間半か２時間半工場を歩き通すことだった。従業員の熟練は成功への鍵とされていたからである。私は上着もネクタイも付けなかった。私は彼らが働いている場所へ行き，彼らの疑問に思っていることや関心事に耳を傾けた。私は今でもここ本社で彼らからの電話を受けている」と回想している[20]。

　このように，ニューコア社では労使間で緊密なコミュニケーションを促進することが重視され，そのためにさまざまな方法をとることが奨励されている。その１つとして，従業員集会 (employee meeting) がある。この集会は少なくとも年１回開催することを義務づけられ，25〜100人ごとのグループ分けされた従業員と彼らが属している事業部門のマネジャー (division manager) が出席し，当該部門の生産計画，生産設備，組織，その他生産にかかわる諸問題やときには販売の状況についてもを論議する場となっている[21]。

　また，３年に１度，仕事に対する満足度や職場の雰囲気あるいは新しい提案などに関する項目よりなるアンケート調査が従業員に対して実施されている。この調査で指摘された問題は事業部マネジャー会議において検討・論議される。アイバーソンはこの調査を「我々が行っている中で最も重要なもの」と述べ，従業員の考えを知る「重要な道具」として位置づけている[22]。

第10章　ニューコア社の労使関係とヒューマン・リソース・マネジメント

　さらに，ニューコア社における労使関係の実態をもっともよく示していると思われるものの1つが苦情処理の方法である。同社の苦情処理は規則上では文書で申し出ることになっているが，本社の社長もしくはスタッフに直接電話で訴えるというケースも多い。月平均4本位あるこの電話による申し出は禁じられておらず，苦情の処理は社長が直接行う場合もあるという[23]。このように，ニューコア社にあって苦情処理は，委員会のような制度的媒体を通じて行われるというより，経営陣に直接訴えかけるという「インフォーマルなアプローチ」[24]が多く採られており，またその「権利」が従業員に保障されているところに大きな特徴があると考えられる。こうした点において同社には「労使が公式に参画する制度はまったく存しない」といってもよいであろう[25]。

　ところで，この苦情処理方法に端的に示されているように，これらのコミュニケーションを重視する姿勢はニューコア社が労働組合を承認してこなかったこと，あるいは反組合的なスタンスを一貫してとってきたことと表裏の関係にあると考えられる。

(2) 反組合主義

　全米鉄鋼労働者組合（United Steelworkers of America：USWA）によると，ミニミルの労働者のおよそ半分は同組合のメンバーであり，メンバーによって生産された電炉鋼は全体の約40％に達するとされているが，主導的なミニミル企業の多くはいまだ組織化されていないのが実情である。その一般的な理由として，国際労働機構（ILO）は，USWA側の対応の遅れと並んで，企業の反組合的な姿勢とを指摘しているが[26]，ニューコア社の場合も組合に対する姿勢は一貫して敵対的なものであった。

　ニューコア社は過去，おもに3度にわたって組合による組織化の試みを受けた。最初の2つは同社がミニミル業界に参入する以前のことで，1964年にトラック運転手を中心メンバーとする労働組合ティームスターズ（International Brotherhood of Teamsters, Chauffeurs, Warehousemen and Helpers of America）がブルクラフト工場の組織化を図ろうとしたものであった。この運動は従業員投

票が行われる局面まで進行したが，当時すでにこの会社の社長に就いていたアイバーソンの強硬な反対もあって結局，組織化は失敗に終わった[27]。2度目は，1968〜69年に鉄工労働者国際組合（Ironworkers International Association of Bridge, Structural and Ornamental）が，やはりブルクラフト工場の組合化を進めようとしたもので，全国労働関係委員会（National Labor Relation Board）の関与，従業員の解雇など長期間にわたって紛争が続けられたが，最終的には，会社側の強固な反組合の砦を切り崩すまでには至らなかった[28]。最後は，1984年にＵＳＷＡがダーリントン工場に対し，賃上げを要求しつつ組合化を図ろうとしたものであったが，「組合の試みは直ぐに消失した」といわれるように，運動を本格的に展開することもできなかったのである[29]。

このように，ニューコア社に対してはどの組合も組織化への取り組みに失敗し，組合不在のまま今日に至っている。先に述べた労使間で緊密なコミュニケーションを促進しようとしていることにも見られるように，同社は実に多くの面にわたってこうした点に意を払い続けてきた。そしてこの点はたとえば，工場の立地に当っても貫かれている。

先にも触れたように，多くのミニミル同様，ニューコア社も地方，しかも鉄鋼生産がいまだ行われていない地方（greenfield）に工場を建設してきた。その理由の１つとしてアイバーソンは次のように述べている。「我々の工場は戦略上，地方に立地している。……そこには，一生懸命仕事をしようという思いを抱いている沢山の良い労働者がいる。我々はこの10年間，３度にわたり会社を組合化しようとする動きを撃破してきた。地方の従業員は会社忠誠心を大いに持っている」と[30]，いまだ組合勢力の及んでいない地方に工場を立地することが会社側にとって良質の労働力を確保し，良好な労使関係を構築しうるという狙いがあることを率直に示している[31]。

そして，こうした組合不在という状況の下で，経営の効率化を一層図るものとして位置づけられうるのがニューコア社のＨＲＭである。以下ではこの点に意を払いつつ，雇用方式と賃金支給方式についてそれぞれ見ていくことにしよう。

第10章　ニューコア社の労使関係とヒューマン・リソース・マネジメント

3　ＨＲＭの実態—雇用と賃金について—

(1) 雇　　　用

　1969年以来，ニューコア社における従業員の雇用や補充は，基本的には，個人的なツテ・紹介に基づいて行われていたが，1994年にこうしたインフォーマルな方法を変更し，制度化された。応募者に対して，ニューコア社の職場環境への順応性や生産技術への適格性・能力を測り，さらには彼らの労働組合に関する考えを評価・判断するためにもこの方法が必要であるとされている。その手順は概ね以下のような内容をもって進められている[32]。

　同社へ応募する者は，まず最初に「製造業検定プログラム」(Manufacturing Certification Program) を受講し，修了することを義務づけられている。このプログラムは，産業心理学者によって開発され，現役の労働者により検証された技能評価テストのことで，受講者（＝応募者）は若干の手数料を支払うことを求められている。このプログラムを修了した者は，次いで主要職務の基本的内容や職場環境の実情さらに同社の経営方針などからなるオリエンテーションに参加し，これに関してのテストを受けなければならない。そして，このテストをクリアーした者だけが事業部のマネジャーとの面談を受ける機会を与えられることになっている。ここでは面談者の労働倫理，態度などがマネジャーによって「心理学的な手法」を用いて吟味・評価され，これらに基づいてマネジャーをはじめとする経営陣により，補欠も含めた最終的な人選が行われる。こうして選考された者は，しかし，直ちに同社の従業員として採用を認められるわけではなく，あくまでも従業員になる最優先の候補者であるにすぎない。実際の採用に当たってはこれら候補者の面談が再度実施され，経営陣によって最適と判断された者だけが雇用されるのである[33]。

　このような一連の，やや煩雑ともいえる手順は，同社の雇用に際して面談が重視されていることを示している。すなわち,「プログラム」や「オリエンテーション」という手続きを経ることによって応募者を少数に絞り，マネジャーが

個々人にできるだけ多くの時間をかけつつ，各々の能力や適性などの人物評価に慎重を期すことができるような方法をとっている。しかも，この面談にマネジャーが直接，2度にわたってかかわることによって，その一層の徹底を図っているのである。

ところで，このような採用時に人物評価を重視するやり方は次に示すような同社の作業システムおよびこれと一体化した賃金支給システムと密接な関連をもつと考えられる。

(2) 作業チームと賃金

ニューコア社の工場では通常，作業者はチームを組んで生産に従事している。生産チームはある完結した仕事をこなせるように，1チームにつき20～40名で構成されている[34]。そして，このチームを単位として交替制が組まれ，12時間シフトで週平均42時間作業することになっている。たとえば，クロウフォーズビル工場では4組のチームで編成され，これらをさらに2つに分けている。そして，最初の2チームが昼夜交替で4日間連続して働く間，他の2チームは基本的には働かない[35]。また注目されるべきは，このなかに現場監督や保全係などもメンバーに含まれていることで，組合化されている多くの一貫メーカーには見られない特徴の1つになっているといえよう。

ところで，このチームは生産を遂行する単位になっていると同時に，生産量を引き上げるための単位にもなっている。すなわち，このチームを1単位として生産基準量（production baseline）が設定され，これをクリアーした場合に週ごとにボーナスが支給されることになっているのである。この生産基準量は，設備がフル稼働した場合の時間当たり（または日当たり）生産量として設定されている。そして，同社では基本賃率（base pay rate）が低く抑えられ，ボーナスが強いインセンティブとして働くような仕組みがとられている。たとえば1995年のヒックマン工場の基本賃率は1時間当たり10ドルで，一貫メーカーにおける組合工場のおよそ半分にしか過ぎなかったが，ボーナスは平均して基本賃率の80～150％も支給されていたという。設定された基準量以下しか生産できな

第10章　ニューコア社の労使関係とヒューマン・リソース・マネジメント

かった場合はもとより，たとえば設備が不具合によって稼働しえなかったときもボーナスは一切支給されない。したがって，チームの構成メンバーである一般の労働者はもとより，監督や保全係に対しても生産増量への強いインセンティブあるいはプレッシャーが働くようになっているのである[36]。

このように，生産インセンティブ制はチームを単位に構想され，機能しているところに大きな特徴があり，自ずとチームワークに重きを置かざるをえないシステムになっている。そして，チーム内での作業の円滑化を図るために，コミュニケーションの促進を積極的に図ったり，採用時に人物評価を重視していると考えられるのである。

そればかりではない。このようなシステムは職務間の垣根を低くしたり，より少ない職務分類をも可能にしているのである。事実，ニューコア社では「実質上すべての従業員は横断的な教育訓練を受け（cross-trained），複数の職務をこなしている」と指摘されているように，この点が意識的に追及されているのである[37]。

さらに，アイバーソンは「組合は就業規則に縛られてしまっている。組合は就業規則を廃することができない。もしそうできるなら，工場内の作業者の数を減らし，生産性を高め，より少数の者で会社の成功の分け前を受け取ることができるだろう」と，チームを単位とする生産インセンティブ制と組合とが相容れない理由を明らかにしている[38]。

こうして，ニューコア社のＨＲＭは先に見たコミュニケーションを重視したり，非組合を貫いたりといった労使関係における諸特徴をベースにし，あるいはこれらと密接な関連をもって行われていると考えられるのである。

（注）
1) Richard Preston, *American Steel,* Prentice Hall Press, 1991, pp.63, 75. 三谷一雄訳『鉄鋼サバイバル―ニューコアとアイバーソンの挑戦―』昭和テクノシステム，1994年，107-108，127ページ。それまで，同工場はＵＳＳから鋼材の供給を受けていたが，たび重なる値上げのため，ドイツやポーランドなどヨーロッパ諸国からの輸入鋼材に依存することになった。ところが，ポーランドの鋼材に不良製品が混在していたため，このルートも断念せざるをえず，自給体制の構築に向かったのである。詳

しくは，ibid., pp. 73−74, 同上邦訳書，125−126ページを参照されたい。
2) Jeffrey L. Rodengen, *The Legend of Nucor Corporation,* Write Stuff Enterprise, Inc., 1997, p.49.
3) *Ibid.,* p.55.
4) *Ibid.,* p.69, 70, 85, 90.
5) *Ibid.,* p.67.
6) たとえば，ダーリントン工場の建設に際しては約600万ドルの融資を受けたが，当時高炉を新設する場合にはおよそ2億ドルの資金を要したという（Richard Preston, *op. cit.,* p.74, 前掲邦訳書，126ページ）。
7) Donald F. Barnett and Robert W. Crandall, *Up from the Ashes,* The Brookings Institution, 1986, pp.23−24. 当時のアメリカにおけるミニミルの基本的な特徴については，William T. Hogan, *Minimills and Integrated Mills,* Lexington Books, 1987, p.9を参照されたい。
8) ちなみに，アメリカ鉄鋼業において粗鋼生産高および生産能力に占めるミニミルの比率は，1980年にはそれぞれ12.1%, 10.1%, 1985年が19.9%, 16.3%であった（Donald F. Barnett and Robert W. Crandall, *op. cit.,* p.12）。
9) この他にたとえば，少数のスタッフによる間接費の少なさ，新技術のいち早い商業的利用，市場への参入および退出におけるフレキシビリティなどが指摘されている（Christopher G. L. Hall, *Steel Phoenix,* St. Martin's Press, 1997, p.147）。
10)11) William T. Hogan, *Steel in the 21st Century,* Lexington Books, 1994, pp. 161−163.
12) Christopher G. L. Hall, *op. cit.,* p.151.
13) ニューコア社における薄スラブ連続鋳造機の導入過程については，Richard Preston, *op. cit.* が詳しい。
14) Christopher G. L. Hall, *op. cit.,* p.235.
15) *Ibid.,* p.236. なお，これらの「ミニミル型薄鋼鈑製造」工場の年産能力は，98年には約2,000万トン（アメリカの薄鋼鈑能力のおよそ30%）にも及ぶとされているが（*ibid.,* p.237），今後の課題として，スクラップの安定的な確保，より薄い鋼鈑の生産などが指摘されている。詳しくは，ibid., pp.238−45, William T. Hogan, *op. cit.,* p.164, を参照されたい。
16) Christopher G. L. Hall, *op. cit.,* pp.368−75.
17) たとえば，1996年にニューコア社のCEO（最高執行役員）に就任したコレンティは，「我が社の成功の30%位は技術に負っているが，70%は我々の文化と労使関係に依るものである」と述べている（Roger S. Ahlbrandt, Richard J. Frueham and Frank Giarratani, *The Renaissance of American Steel,* Oxford University Press, 1996, p. 69）。
18) Ken Iverson, *Plain Talk,* John Wiley & Sons, 1998, p.21（岡戸　克・東沢武人訳『真実が人を動かす』ダイヤモンド社，1998年，23ページ）。
19) Adam Ritt, "Iverson's Disciple," *New Steel,* August, 1998.

第10章　ニューコア社の労使関係とヒューマン・リソース・マネジメント

20) Roger S. Ahlbrandt and others, *op. cit.*, p.98.
21) Ken Iverson, *op. cit.*, p.35, 前掲邦訳書, 40ページ, Roger S. Ahlbrandt and others, *op. cit.*, p.98.
22) Ken Iverson, *op. cit.*, p.32, 前掲邦訳書, 37ページ。
23) *Ibid.*, p.63, 前掲邦訳書, 73-74ページ。
24) International Labor Organization (ILO), *The Iron and Steel Workforce of the Twenty-first Century,* International Labor Office, Geneva, 1997, p.58.
25) *Ibid.*, p.88.
26) *Ibid.*, p.87.
27) Jeffrey L. Rodengen, *op. cit.*, pp.27-28.
28) *Ibid.*, pp.57-60.
29) *Ibid.*, pp.100-101.
30) Charles Stubbart, Dean Schroeder and Arthur A. Thompson, "Nucor Corporation," Alonzo J. Strickland and Arthur A. Thompson eds. *Case in Strategic Management,* Richard D. Irwin, Inc., 1995, p.323.
31) この点に関し,「多くのミニミルは地方で操業を始め, ……ビッグ・スティールの特徴になっている難しい労使関係に煩わされずにすんでいる」との指摘もなされている (Roger S. Ahlbrandt and others, *op. cit.*, p.69)。
32) ニューコア社の雇用方法に関しては, ILO, *op. cit.*, p.60に拠った。
33) なお, この方式を最初に導入した時, 第一段階の「プログラム」の受講者は850名だったが,「オリエンテーション」後のテストをクリアーした者はわずか80名にすぎなかったといわれる (*ibid.*, p.60)。
34) Ken Iverson, *op. cit.*, p.105, 前掲邦訳書, 119ページ。
35) William T. Hogan, *Steel in the 21st Century,* p.171.
36) Roger S. Ahlbrandt and others, *op. cit.*, p.74. ちなみにボーナスは, 生産基準量が1時間当たり50トンとすると, この50トンを超える1トンごとに, 基本賃率の4%が与えられる。たとえば, 80トン生産した場合, $(80-50) \times 4\% = 120\%$, となる (Ken Iverson, *op. cit.* p.105, 前掲邦訳書, 120ページ)。
37) Ken Iverson, *op. cit.*, p.94, 前掲邦訳書, 108ページ。またこの点に関し,「人的資源を活用する革新的な手法の1つとして, 多様な技能の訓練と責任を伴うチーム作業をあげることが出来る。……多様な技能を持った労働者やより少ない職務分類は, 鉄鋼業における職場で高いパフォーマンスをもたらす上で決定的に重要である。このような職場を発展させたという点で, 電気炉メーカー(=ミニミル-引用者)は一貫メーカーより進んでいる」との指摘もなされている (U.S. Department of Commerce, Office of Technology Policy, *Meeting the Challenge: U.S. Industry Facts the 21st Cen-tury,* The Basic Steel Industry, 1996, p.39)。
38) Richard Preston, *op. cit.*, p.83, 前掲邦訳書, 138ページ。

＜参考文献＞
［1］　日本労働研究機構『アメリカ鉄鋼産業の最近の労使関係の展開に関する研究』日本労働研究機構，1995年。
［2］　塩見治人・堀　一郎編『日米関係経営史』名古屋大学出版会，1998年。
［3］　荻原　進・公文　溥編『アメリカ経済の再工業化』法政大学出版会。1999年。

（黒川　博）

第11章　人材ビジネスの新展開
―ＰＥＯｓを中心に―

　バブル期以降のわが国経済は，とくに雇用情勢における失業率５％突破が特徴的に物語るように，依然として深刻な状態にある。これに対し，アメリカ経済は，2001年に入ってIT産業を中心に事態は若干悪化の兆しを見せてはいるものの，それまでは高い実質経済成長率，低失業率，低インフレ率など，いずれも構造的な強さを示してきた。その背後には，本書各章で指摘されているように，企業のリストラ・ダウンサイジングによる競争力の強化，ベビーブーマーとジェネレーションⅩの旺盛な消費，安価な労働力による生産といった要因がある。それを支えているのは，労働者派遣事業，職業紹介事業，エグゼクティブ・サーチ事業，アウトプレースメント事業など各種の人材ビジネスのもとでの労働力の流動化と，新たな雇用を創出するベンチャー企業を中心とした中小企業である。この章では，労働力の流動化のなかで生まれた「共同雇用」(Co-employment) を謳う新たな人材ビジネスであるＰＥＯｓ (Professional Employer Organizations) を取り上げ，その問題点に迫りたい。

1　アメリカ会計検査院報告

　2000年７月，民主党上院議員エドワード・Ｍ・ケネディ (Edward M. Kennedy, JFKの末弟) と民主党下院議員ロバート・Ｅ・アンドリュース (Robert E. Andrews) によって，従業員給付資格公正法 (Employee Benefits Eligibility Fairness Act of 2000－S.2946／H.R.4962) という画期的な法律が1974年の従業員退職所得保障法 (Employee Retirement Income Security Act，エリサ法) の修正を求めて上院 (27日)・下院 (26日) にそれぞれ提出された (2001年10月時点でも継続審議中であった)。

この法律は，パーマテンピング（permatemping）と呼ばれる雇用形態がもたらす問題の改善を図ろうとするものである。パーマテンピングとは，直訳すると「永遠に続く臨時労働」となるが，この言葉自体がすでに矛盾しているだけでなく，それは多くの問題を孕んでいる。ケネディ上院議員らが提出した法律は，パーマテンピングを「正規従業員に『臨時』労働者あるいは『契約』労働者という誤ったレッテルを貼ることで，彼らに医療保険，年金，有給休暇，そして他の給付を利用する権利を否定」しているとする。同法は，従業員給付プランに対する資格を，「臨時」労働者あるいは「契約」労働者といったレッテルではなく，実際の雇用期間や雇用条件に基づく資格基準に適うものにすることを意図したものであった[1]。

　ケネディ上院議員らは，アメリカ会計検査院（U.S. General Accounting Office, GAO）がパーマテンピングの長期かつ差別的な雇用慣行の弊害を明らかにした報告書に基づいてこの法律を提出していた。この節では，このＧＡＯ報告書を取り上げる[2]。

　ＧＡＯは，1995年以降，非典型労働者（Contingent Workers）がわずかずつ減少しているものの，1982年から見れば577％増加していることが示すように，長期的には成長しているとする（非典型労働者の定義とその実態については第2章第6節を参照のこと）。ＧＡＯのいう非典型労働者とは，派遣会社の派遣社員（Agency Temps），直接雇用の派遣社員（Direct-Hire Temps），オンコール・ワーカー（On-call Worker），日雇い労働者（Day Laborers），業務請負企業労働者（Contract Company Workers），独立契約者（Independent Contractors），自営業者（Self-Employed Workers），標準的パートタイム労働者（Standard Part-Time Workers），リースされた労働者（Leased Workers）である（ただし，リースされた労働者に関するデータは，最近のアメリカ労働省労働統計局によって調査されていないことから，ＧＡＯのいう非典型労働者は図表11－1に示されたものとなる）。

　まず，非典型労働者の収入であるが，伝統的就業形態であるフルタイム労働者よりもかなり低く，派遣会社の派遣社員の場合，年収1万5,000ドル以下の従業員は29.8％（フルタイム労働者は7.7％）を占めていた。また，直接雇用の派遣

第11章　人材ビジネスの新展開

図表11－1　アメリカ会計検査院のいう非典型労働者

(単位：千人，％，1995～99年)

非典型労働者	1995		1997		1999	
	労働者数	総労働者数に占める割合	労働者数	総労働者数に占める割合	労働者数	総労働者数に占める割合
派遣会社の派遣社員	1,181	1.0	1,300	1.0	1,188	0.9
直接雇用の派遣社員	3,933	2.8	3,263	2.6	3,227	2.5
オンコール・ワーカー	2,014	1.6	1,977	1.6	2,180	1.7
業務請負企業労働者	652	0.5	809	0.6	769	0.6
独立契約者	8,309	6.7	8,456	6.7	8,247	6.3
自営業者	7,256	5.9	6,510	5.1	6,280	4.8
標準的パートタイム労働者	16,813	13.6	17,290	13.6	17,380	13.2
小　　　計	39,678	32.2	39,605	31.2	39,271	29.9
標準的フルタイム労働者	83,589	68.7	87,135	68.8	92,222	70.1
総　　　計	123,207	100	126,740	100	131,493	100

出所）　GAO, *Contingent Workers,* June 2000, p.15.
　　　http://www.gao.gov/

図表11－2　家族年収1万5,000ドル以下の労働者数（1999年）

非典型労働者	労働者数	％
派遣会社の派遣社員	338,503	29.8
直接雇用の派遣社員	642,602	21.3
オンコール・ワーカー	373,045	18.5
業務請負企業労働者	61,097	8.5
独立契約者	663,212	8.8
自営業者	415,674	7.5
標準的パートタイム労働者	2,799,753	17.5
小　　　計	5,293,886	14.8
標準的フルタイム労働者	6,477,268	7.7
総　　　計	11,771,154	9.8

出所）　GAO, *Contingent Workers,* June 2000, p.19.
　　　http://www.gao.gov/

社員では21.3％であった（図表11－2）。

次に医療保険である。図表11－3が示すように，フルタイム労働者は雇用主提供により73％，自己責任も含めると88％がそれぞれカバーされていたのに対し，派遣社員の状況は最悪で，それぞれ9％と43％にすぎなかった。その最大の要因は，「臨時的な仕事という仕事の性格，多くの労働者が長期にわたってその職位に就いていなかったことが，派遣社員が雇用主提供の医療保険給付を受けるのを難しくしていた」ことにあった。実際，派遣社員の平均勤務期間は10週間以下で，ある派遣会社の上級管理職は30％が1週間以下，50％が1か月未満，70％が2か月未満と報告し，保険会社が適用資格として1か月間を要求し，多くの保険会社は2か月に移行していると指摘していた。医療保険の適用

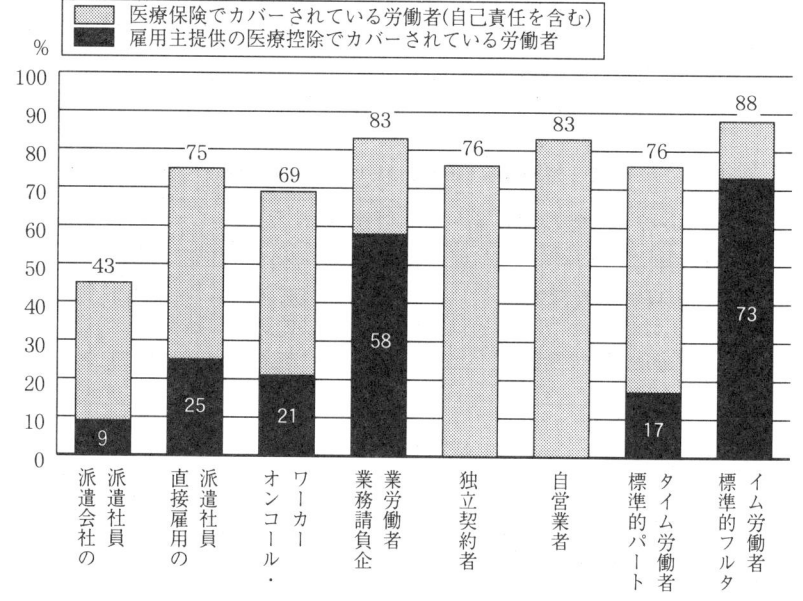

図表11－3　医療保険でカバーされている労働者の割合（1999年）

カテゴリー	医療保険でカバーされている労働者（自己責任を含む）	雇用主提供の医療控除でカバーされている労働者
派遣会社の派遣社員	43	9
直接雇用の派遣社員	75	25
ワーカー・オンコール	69	21
業務請負企業労働者	83	58
独立契約者	76	—
自営業者	83	—
標準的パートタイム労働者	76	17
標準的フルタイム労働者	88	73

注）独立契約者と自営業者というカテゴリーに含まれるほとんどの労働者には雇用主がいない。

出所）GAO, *Contingent Workers,* June 2000, p.21.
http://www.gao.gov/

は，年収1万5,000ドル以下ではさらにひどくなる。派遣社員の場合，雇用主提供は3％，自己責任は30％にすぎなかった（図表11－4）。

年金はどうであろうか。図表11－5が示すように，フルタイム労働者の64％が雇用主の年金プランのもとにあり，雇用主が年金を提供してくれるのは76％であったのに対し，派遣社員の場合ははるかに低くそれぞれ7％と21％であった。年収1万5,000ドル以下ではさらにひどく，1％と18％であった（図表11－4）。

最後に，非典型労働者の年間総労働時間が少ないことや，伝統的な雇用主＝従業員関係のもとでの「従業員」とみなされないことから，いくつかの法律の適用外にあることが指摘されている。そういった法律の代表としてGAOは，家族医療介護法（Family and Medical Leave Act），エリサ法，公正労働基準法（Fair Labor Standards Act），全国労働関係法（National Labor Relations Act），失業保障法（Unemployment Compensation），労災保障法（Workers' Compensation），労働安全衛生法（Occupational Safety and Health Act），公民権法の第7条（Title Ⅶ of the Civil Right Act），障害をもつアメリカ人法（Americans With Disability

図表11－4　家族年収1万5,000ドルで医療保険・年金にカバーされている労働者数
（1999年）

非典型労働者	医　療　保　険		年　　　　金	
	雇用主提供の医療保険	自己責任	雇用主が年金を提供	雇用主提供の年金プラン
派遣会社の派遣社員	3％	30％	18％	1％
直接雇用の派遣社員	17	55	51	5
オンコール・ワーカー	15	40	34	10
業務請負企業労働者	(1)	(1)	(1)	(1)
独立契約者	(2)	39	(2)	(2)
自営業者	(2)	57	(2)	(2)
標準的パートタイム労働者	14	52	43	10
標準的フルタイム労働者	43	56	45	24

注1）　該当の労働者数が少なすぎて記載されていない。
注2）　雇用主がいない。
出所）　GAO, *Contingent Workers,* June 2000, p.23, 26.
　　　http://www.gao.gov/

Act), 雇用上の年齢差別禁止法 (Age Discrimination in Employment Act), ＣＯＢＲＡ (Consolidated Omnibus Budget Reconstraction Act){従業員が退職する場合, 一定の要件下で団体医療保険の継続適用を義務づけるもの－筆者}, 医療保険移転・責任法 (Health Insurance Portability and Accountability Act) などを挙げている。たとえば, 家族医療介護法とエリサ法は, 12か月間でそれぞれ1,250労働時間と1,000労働時間を資格要件にしており, 臨時労働者, オンコール・ワーカー, パートタイム労働者などは適用除外となる可能性が高い。また, 非典型労働者は最低所得水準を満たしていないことで, 各州の失業保険の適用を受けるのが難しい。そして, 全国労働関係法のもとでの交渉団体に加入したり, 新たな交渉団体を組織することは, 非典型労働者とくに業務請負企業労働者には難しく, 派遣社員にとっても「利害の十分な共通性 (sufficient community of interest, 共通の監督,

図表11－5　年金制度でカバーされている労働者の割合（1999年）

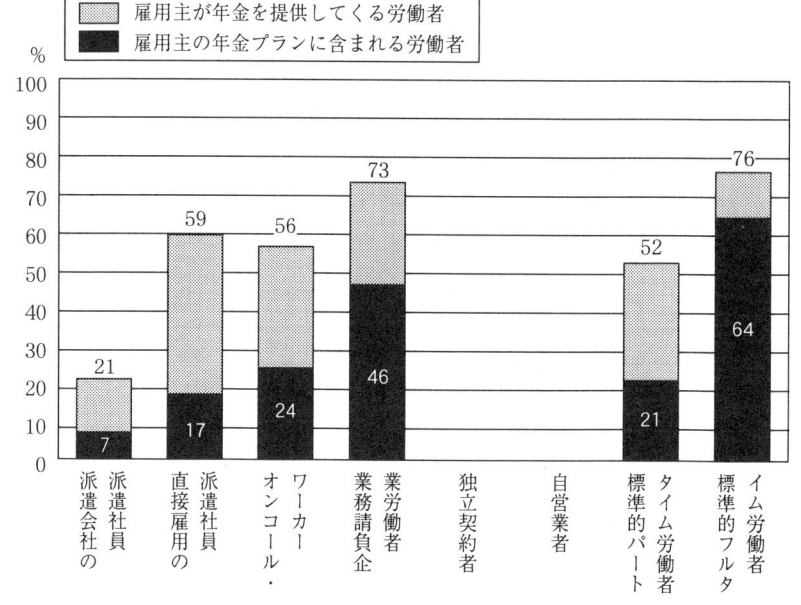

労働者区分	雇用主の年金プランに含まれる労働者	雇用主が年金を提供してくる労働者	合計(%)
派遣会社の派遣社員	7		21
直接雇用の派遣社員	17		59
オンコール・ワーカー	24		56
業務請負企業労働者	46		73
独立契約者			
自営業者			
標準的パートタイム労働者	21		52
標準的フルタイム労働者	64		76

注) 独立契約者と自営業者に関しては, 図表11－3と同じ。
出所) GAO, *Contingent Workers,* June 2000, p.25.
http://www.gao.gov/

労働条件，賃金・労働時間・雇用条件といったこと)」を示さない限り，既存の団体交渉単位に加入することが難しい。

　GAOは，こういった非典型労働者の実態を通して，雇用主が労働者を故意に誤って分類すること (misclassified) で，労働者災害補償や失業保険の負担を軽減し，本来支払うべき社会保障税や所得税を納めていないと結論づけている。また，ケネディ上院議員は，「雇用主は，その労働者を臨時労働者あるいは契約労働者と誤って類別すること (miscategorizing) で，コストを削減するという経済的な動機をもっている。しばしば，非典型的な就業形態は，労働者を従業員給付プログラムから排除する目的と，労働者に対する責任を免れる目的で雇用主によって準備されている。何百万人という従業員がその雇用主によって誤って類別されており，その結果彼らは受ける権利を有する諸給付や保護を拒否」[3]されていると主張している。

　以上のGAOの報告書に対し，アメリカ人材協会 (American Staffing Association) は，人材会社 (staffing firms) の従業員は平均で約10週間臨時労働者として働くだけで，その内の圧倒的多数は永続的な仕事 (permanent jobs) を見つけている点を報告書は無視している，と反論している[4]。そこでは，テンプ・トゥ・ハイヤー (temp-to-hire，臨時的雇用から正規雇用へ) への道が準備されているし，1998年には850万人の臨時労働者が永続的な仕事を見つけており，そのうちの250万人以上は派遣されていた顧客企業で見つけていたとも指摘している[5]。そして，医療保険，年金，各種法律の適用除外に関しても言及しているが，決定的な反論とはなっていないように思える。だが，人材ビジネスは，次節で考察するように，こういった事態を打開する方法をすでに用意していたのである。

2　人材ビジネスの新展開─PEOs─

　前節で見た非典型労働者を取り巻く否定的な状況を克服しようとするのがここで取り上げるPEOsである[6]。

(1) ＰＥＯｓとは

ＰＥＯｓは，その業界団体であるＮＡＰＥＯ（National Association of Professional Employer Organization, 1985年設立，会員数約600社）によって，「契約により雇用主としての権利，責任，リスクを大幅に引き受け，そして顧客企業に雇用された労働者とその雇用主との雇用関係を構築・維持することを通して，顧客企業の人的資源と顧客企業の雇用主としてのリスクを管理・運営することに対し，総合的かつ効率的な方法を提供する組織」と定義されている。この定義だけではその実態は把握しがたい。ＮＡＰＥＯが挙げている次の6つの具体的な活動でそれを補っておこう。ＰＥＯｓは顧客企業との契約により，

① 顧客企業で働く従業員を雇用し，その労働者の特定の事項に対し，雇用主としての責任を引き受ける，
② 顧客企業が製品あるいはサービスに対してもつ責任と矛盾しない範囲で，従業員の命令権と統制権を留保し，顧客企業と責任を共有する，
③ 自らの責任で，従業員の賃金と雇用に伴う諸税を支払う，
④ 州政府と連邦政府に対し，雇用に伴う諸税を申告し，徴収し，納付する，
⑤ 短期ではなく長期的な従業員との雇用関係を構築・維持する，
⑥ 従業員を採用，配置転換，解雇する権利を保有する。

こういったＰＥＯｓが登場した背景を，ＮＡＰＥＯは3点にわたって指摘している。まず第1点は，雇用にかかわる問題が複雑化，煩雑化してきたことである。ＮＡＰＥＯは，「ここ20年の間にアメリカでは雇用に関連した連邦・州・地域の法律と規制が非常に増大している」と述べている。ＮＡＰＥＯがそのホームページに掲げている図によると，1980年までにそういった法律や規制は20件であったのが，1997年までに18件上積みされている（1940年から1980年までの40年間の増加は11件であった）。第2点は，小規模事業から中規模事業を管理するのに必要な専門的知識が，そういった事業を始めようとする多くの起業家の経験と教育訓練の必要性を大きくしたことである。ＰＥＯｓを活用することで，大企業並の会計士，ＨＲＭの専門家，弁護士，リスク管理者，給付管理者，情報サービス管理者をもてることとなる。最後は，アメリカの労働者が医療ケ

ア，退職貯蓄プラン，自分と家族のための従業員給付に対し，高品位と低コストを求めた点である。第3点として，PEOsは，医療保険，退職貯蓄プラン，障害保険，生命保険，扶養者介護払戻勘定，視力ケア，歯科保険，従業員扶助プラン，職業カウンセリング，教育訓練手当といったことに「規模の経済」を活用できるのである。NAPEOにいわせれば，「フォーチュン500社」程度のものを提供しているとのことである。また，企業規模の制約から雇用法の適用除外のもとに置かれていた中小企業の従業員もその適用下に入れることで，大企業の従業員と同様の保護が受けられるようになる。

以上をまとめて，「人事管理，医療保険給付，労働者災害補償の支払い請求，賃金支払い，支払給与税｜従業員に支払われた賃金・給与総額をベースとして，雇用主に課される社会保障のための目的税─筆者｜の遵守，そして失業保険の支払請求といった次第に複雑さを増しつつある従業員に関連した諸問題の管理」を引き受けてもらうことで，顧客企業自身は収益活動に専念できるとNAPEOは主張している。アメリカ中小企業庁の1995年調査によると，500人未満の企業主が税金支払いなどさまざまな事務活動に要する費用は5,000ドルで，500人以上は3,400ドルであった。また，中小企業主はその時間の7～25％を雇用にかかわる事務作業に費やしていた。NAPEOが，business of employment（雇用のための仕事）の負担を免れることで，business of their business（ビジネスのための仕事）に専念できるとする所以である。

(2) PEOsのメリット

PEOsは，上記のようなサービスを請け負っているのであるが，それは顧客企業，従業員（政府は省略）にとって次のようなメリットをもつとされている。

<顧客企業にとってのメリット>

- コストをコントロールできる。
- 時間を節約し，事務手続きの煩わしい作業から解放される。
- 規則遵守（たとえば，賃金支払い，内国歳入法，雇用機会均等委員会）に関する専門的なアドバイスを提供してもらえる。

- 離職率を引き下げ，優秀な従業員を引き付けることができる。
- 支払い請求の管理（たとえば，労働者災害補償や失業保険）。
- 最良の給付パッケージを提供できる。
- ＨＲＭに関する専門的なサービス（たとえば，社員ハンドブック，各種書式，方針，手続き）を提供してもらえる。
- 会計コストを引き下げられる。

＜従業員にとってのメリット＞
- これまで利用できなかった広範囲な給付を活用できる。
- これまで以上に雇用主と従業員の間のコミュニケーションが図れる。
- 雇用に伴う問題に関する専門的な支援を受けられる。
- 専門的なオリエンテーションや従業員ハンドブックが得られる。
- 従業員数に応じて定められた法律の適用範囲を拡大できることで保護の可能性が高まる。
- 労働規制，労働者の諸権利，職場の安全に関する最新情報を入手できる。
- 効率的かつ迅速な支払い請求の処理。
- 給付のポータブル化（従業員は，給付資格を失うことなくＰＥＯｓのもとにある顧客企業から別の顧客企業に移ることができる）。

(3) ＰＥＯｓ，顧客企業，およびその顧客企業従業員の関係

では，ＰＥＯｓ，顧客企業，その顧客企業の従業員の関係はどうなっているのであろうか。それを図示したのが図表11－6である。この図から分かるように，ＰＥＯｓと顧客企業は，従業員を共同雇用（co-employment）しているのである。①の部分は，ビジネス契約を示し，顧客企業はＰＥＯｓに支払う。②と④の部分は，ＰＥＯｓと顧客企業が従業員に対してそれぞれ雇用上の義務を負うのであるが，両者とも単独で義務を履行せず，一定の雇用上の義務についてはそれぞれが責任をもち，その他の義務については責任を共有しているのである。ＰＥＯｓと顧客企業は，顧客企業の従業員と慣習法上の雇用関係にあり，それぞれは独自に従業員を採用，監督，規律遵守，解雇する決定権を有してい

第11章　人材ビジネスの新展開

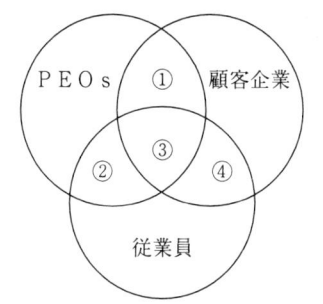

図表11－6　ＰＥＯｓのもとでの共同雇用の概念図

（ベン図：ＰＥＯｓ、顧客企業、従業員の三つの円が交わり、①ＰＥＯｓと顧客企業の重なり、②ＰＥＯｓと従業員の重なり、③三者の重なり、④顧客企業と従業員の重なり）

出所）　http://www.napeo.org/

る。つまり，顧客企業の従業員は顧客企業とＰＥＯｓの従業員となるのであるが，顧客企業の従業員全員がＰＥＯｓの従業員となるとは限らず，共同雇用している従業員に対してのみ両者はパートナーとなるのである。ＰＥＯｓは，ＨＲＭや雇用法の遵守に関する問題で従業員を指揮・統制する。顧客企業は，製品とサービスの製造と流通に関して従業員を指揮・統制する。ＰＥＯｓは，その従業員に安全で生産性に寄与する作業場を提供し，雇用法や雇用上の規制に従って作業することを保障する。さらに，労働者災害保険，失業保険，広範な従業員給付プログラムを提供するのである（ＮＡＰＥＯはこの点を "general" employer と呼んでいる）。顧客企業は，その従業員に道具，器械，作業場を提供する（ＮＡＰＥＯはこの点を "special" employer と呼んでいる）。③の部分は，三者の共同責任を示している。雇用に関する差別禁止といった基本原則を三者は共同で責任をもつのである。

　以上の点をより明確にするため，ＰＥＯｓを従業員リース業および人材派遣業と対比しておこう。ＰＥＯｓと従業員リース業はよく混同されるが，ＮＡＰＥＯはまったく異なったものだとしている。従業員リース業は，ある種の責任を顧客企業から従業員リース会社に移転し，ＰＥＯｓでは起こり得ない「解雇，採用，リース・バック」といった概念を生む。労働者は顧客企業に解雇されて，ＰＥＯｓで再雇用されるわけではない。従業員リースは補完的で臨時的な雇用形態で，一定期間，その多くはプロジェクト完了まで派遣されるだけなのに対

195

し,PEOsのもとでの就業形態は長期で,プロジェクトとは関係のない雇用関係である。PEOsは,雇用主の雇用税,給付プラン,その他のHRMにかかわる目標を引き受けるのであって,その結果顧客企業はその従業員に長期にわたる投資が可能である。PEOsは,人材派遣の場合と違って,長期的な関係を構築しており,90%の顧客企業と従業員は1年以上の関係を結んでいる。

(4) PEOsの利用者

2000年のNAPEOの調査 (*Financial Ratio Survey*) によると,顧客企業の平均従業員数は12名,平均年収は2万2,517ドルであった。1999年の調査よりも平均従業員数で1名少なく,平均年収で17ドル上がっている。そして,200～300万人のアメリカ人がPEOsに雇用されていると推計されており,毎年20～30%の割合で成長している(従業員500人以下の企業での利用が2%程度であるため,成長の余地はまだまだ十分にあるとのことである[7])。図表11－7は,代表的なPEOであるテキサス州に本社のあるアドミニスタッフ社 (Administaff),フロリダ州に本社のあるスタッフ・リーシング社 (Staff Leasing),オハイオ州に本

図表11－7　代表的PEOsの業績 (単位：人,千ドル)

	1996	1997	1998
アドミニスタッフ社			
総　収　入	899,596	1,213,620	1,683,063
純　　　益	2,603	7,439	9,123
従 業 員 数	22,234	26,907	34,819
スタッフ・リーシング社			
総　収　入	1,432,131	1,851,248	2,375,522
純　　　益	3,865	30,783	23,395
従 業 員 数	86,000	107,885	127,470
チーム・アメリカ社			
総　収　入	95,468	155,864	339,958
純　　　益	624	930	682
従 業 員 数	3,646	10,500	14,170

出所)　"Rapid Growth at Publicly Held PEOs" *HRMagazine,* Feb.2000.

社のあるチーム・アメリカ社（TEAM America）の1996～98年の業績を示している。それぞれ大きく成長していることが理解できる。アメリカには約2,000社のＰＥＯｓがあり（別の資料では1997年時点で約2,500社，200万人を雇用という数字もある[8]），そこでは180億ドルが賃金とそれに伴う給付に支出されている。17の州でＰＥＯｓは内国歳入法でいう雇用主と認められているし，それ以上の州で労働者災害補償や州の失業保険税の対象となる雇用主と認められている。

3　小　　結──ＰＥＯｓの問題点──

　企業規模による制約で，これまで十分な保険・給付を受けられなかった従業員も「規模の経済」のもとでそういった諸点が改善されるといった側面が強調されている。事実，ＧＡＯが指摘していた家族医療介護法など一連の法律の適用を受けられるようにはなっている。しかし，ＰＥＯｓに問題はないのであろうか。

　職務中の災害，人種差別，セクハラといった問題に対し，ＰＥＯｓと顧客企業のどちらが責任と義務を負うのであろうか。この点に関しては，人種差別や性的差別を申し立てる労働者が，ＰＥＯｓか顧客企業，あるいは両者を相手取って訴訟を起こすことになるが，詳しいことはＰＥＯｓと顧客企業との間の契約で明確に規定されているため[9]，それほど大きな問題とはならない。

　その最大の問題点は労使関係にあると思われる。ＰＥＯｓでは労使関係はどのように扱われるのであろうか。この点をＮＡＰＥＯのブルー・ブック（The PEO Blue Book）で見ておこう[10]。それによると，ＰＥＯｓは組合のある職場でも組合のない職場でも機能しているとのことである。全国労働関係委員会（National Labor Relations Board）は，共同雇用関係のもとにある従業員を顧客企業の団体交渉単位に含むことを認めており，団体交渉協約のあるところではＰＥＯｓは協約条件を遵守するが，団体交渉協約の当事者とはならない。また，ＰＥＯｓは，全国労働関係委員会の基準に従って，従業員の組織する権利あるいは組織しない権利を支持している。

顧客企業とＰＥＯｓは従業員を共同雇用しているのであるが，いったいどちらが団体交渉の当事者となるのであろうか。賃金や税金を支払っている主体が雇用主とする内国歳入法に従えばＰＥＯｓとなるが，ＮＡＰＥＯが明確に規定しているように団体交渉当事者とはならないのである。だが，労働者との雇用関係を構築・維持し，採用・配置転換・解雇する権利を有しているのであるから，労働者の苦情には対処しなければならない。それは顧客企業の雇用主責任を減ずるものではないはずである。ＰＥＯｓは，賃金や他の労働条件の交渉主体である顧客企業の締結した協約をそのまま遵守することになっているが，賃金決定の基礎となる職務分析や人事評価はＨＲＭに関する専門的知識をもつＰＥＯｓが行うはずである。いったいどちらが主体となるのであろうか。

　ブルー・ブックによると，ＰＥＯｓは質の高い給付を提供したり，専門的なＨＲＭの知識を有することで「組合つぶし」のインセンティブはもっていないとしている。だが，顧客企業の従業員が全員共同雇用されるわけではなく，共同雇用に組み入れるかどうかの決定権はＰＥＯｓがもっていたはずである。直接的な「組合つぶし」はなくとも，雇用から排除することで間接的に組合をつぶすのは可能であろう。

　21世紀の成長産業であるとＮＡＰＥＯが評価するＰＥＯｓの今後の展開を注意深く見守る必要がある。

（注）
1） http://www.cfcw.org/
2） GAO, *Contingent Workers,* June 2000. http://www.gao.gov/
3） http://www.senate.gov/~kennedy/statements/00/07/2000725859.html
4） "GAO Report on Contingent Work Misleading," July 28, 2000. http://www.natss.org/news.release/
5） Edward A. Lenz, "The Staffing Services Industry: Myth and Reality," Sep. 20, 2000. http://www.natss.org/staffstates/issuepaper3.htm
6） 以下，断りのない限り，この節の内容はNAPEOのホームページからの情報による。そのURLは，http://www.napeo.org/ である。
7） 8） "All Abroad! will a PEO be the next stop for your Career?" *HRMagazine,* Sep. 1997.

9) "Who is the Employer？" *HRMagazine,* Sep. 1997.
10) (財)日経連国際協力センター『米国に於ける新規事業による雇用創出に関する調査研究』，2000年3月。

（伊藤　健市）

編著者紹介 (50音順)

伊藤健市（いとう・けんいち）
　1952年　兵庫県生まれ
　同志社大学大学院商学研究科
　関西大学商学部教授　経営学博士（中央大学）
　『アメリカ企業福祉論』（ミネルヴァ書房）
　『アメリカ大企業と労働者』（編著書，北海道大学図書刊行会）
　『ヒューマン・リソース・マネジメント』（監訳，税務経理協会）
　『アメリカ企業経営史』（共著，税務経理協会）ほか

田中和雄（たなか・かずお）
　1954年　東京都生まれ
　中央大学大学院商学研究科
　専修大学商学部教授
　『転換期の経営学』（共著，中央経済社）
　『今日の企業と経営』（共著，八千代出版）
　『ヒューマン・リソース・マネジメント』（監訳，税務経理協会）
　『現代組織の基本問題』（共著，税務経理協会）ほか

中川誠士（なかがわ・せいし）
　1954年　福岡県生まれ
　九州大学大学院経済学研究科
　福岡大学商学部教授　博士（経済学）（九州大学）
　『テイラー主義生成史論』（森山書店）
　Scientific Management : Frederick Winslow Taylor's Gift to the World ?
　　（共著，Kluwer Academic Publishers）
　『ヒューマン・リソース・マネジメント』（共訳，税務経理協会）
　『アメリカ企業経営史』（共著，税務経理協会）ほか

アメリカ企業の
ヒューマン・リソース・マネジメント

2002年5月15日	初版第1刷発行		編著者との契約により検印省略	
2004年4月15日	初版第2刷発行			

		伊　藤　健　市	
編著者	田　中　和　雄	
		中　川　誠　士	

発行者　　　大　坪　嘉　春

印刷所　　　税経印刷株式会社

製本所　　　株式会社　三森製本所

発行所　東京都新宿区下落合2丁目5番13号　株式会社　税務経理協会
郵便番号 161-0033　振替 00190-2-187408　電話 (03) 3953-3301 (編集部)
FAX (03) 3565-3391　　(03) 3953-3325 (営業部)
URL http://www.zeikei.co.jp
乱丁・落丁の場合はお取替えいたします。

© 伊藤・田中・中川 2002　　　　　Printed in Japan

本書の内容の一部又は全部を無断で複写複製（コピー）することは，法律で認められた場合を除き，著者及び出版社の権利侵害となりますので，コピーの必要がある場合は，あらかじめ当社あて許諾を求めて下さい。

ISBN4-419-03948-5　C1034

アメリカ企業経営史

－労務・労使関係的視点を基軸として－

井上　昭一
黒川　博　　編著
堀　龍二

A5判・上製カバー掛け・184頁
定価 2,940 円（本体 2,800 円）

本書は，アメリカ企業経営史研究の中で特に労務・労使関係問題を基軸に編集し，企業の取り組みや労働者・労働組合との対抗の事実を集約・整理することでユニークかつ斬新な成果をみた労作。

§　執筆者一覧　§

関口　定一　　井上　昭一　　黒川　博　　今井　斉
堀　龍二　　　伊藤　健市　　宮崎　信二　　森川　章
内田　一秀　　中川　誠士

§　主な目次　§

第1章　GE社におけるウェルフェア・キャピタリズムの展開
第2章　GM社と労働組合
第3章　USスティール社の労務政策・労使関係
第4章　フォード社における大量生産方式の成立と人事・労務管理
第5章　グッドイヤー社の労務政策と労使関係の展開
第6章　ハーヴェスター社における従業員代表制と労働組合運動
第7章　「規制下の独占」とAT＆T社のウェルフェア・キャピタリズム
第8章　デュポン社における労務管理・労使関係の展開
第9章　シアーズ社の労働と労務管理
第10章　デニスン社の従業員持株制と従業員代表制

税務経理協会・刊

ヒューマン・リソース・マネジメント

経営戦略・企業文化・組織構造からのアプローチ

ユージン・マッケナ　共著　　伊藤　健市　監訳
ニック・ビーチ　　　　　　　田中　和雄

A5判・並製カバー掛け・272頁
定価 2,940円（本体 2,800円）

人的資源管理研究を実践面・理論面双方からのアプローチにより，多数のケース・スタディと図表を織り込み，現代の主要な議論のエッセンスをも紹介する。実務家にも役に立つ必読書。

§ **執筆者一覧** §

伊藤　健市	今村　寛治	岡田　寛史	木村　志麻
竹林　浩志	田中　和雄	中川　誠士	山縣　正幸

§ **主な目次** §

- 第1章　ヒューマン・リソース・マネジメントの対象と方法
- 第2章　戦略と組織構造
- 第3章　文化と変革
- 第4章　ヒューマン・リソース・プランニング
- 第5章　募集と選好
- 第6章　業績管理
- 第7章　報酬管理
- 第8章　教育訓練と能力開発
- 第9章　従業員関係
- 第10章　ヒューマン・リソース・マネジメントへの批判と今後の展望

税務経理協会・刊

現代経営の基本問題

笹川 儀三郎・稲村　毅
井上 昭一　　　／編著

Ａ５判・272頁・上製カバー掛け
定価　本体　2,621円（税別）

企業経営の本質および全体的な側面を理解するために，企業経営の研究者12名により，代表的な経営学説を紹介した理論編と現実的問題点を考察した実態編とにより構成された書。

現代組織の基本問題

岡本 武昭・笹川 儀三郎
山下 高之・渡辺　峻／編著

Ａ５判・312頁・上製カバー掛け
定価　本体　3,400円（税別）

本書は，国際化・情報化，競争激化の情況の中での，組織形成の諸要因の変化を考察し，理論的側面を踏まえて日本企業の"今"の問題とその実例を掲げて，わかりやすく解説する労作。

現代企業の基本問題

足立 辰雄
伊藤 健市／編著

Ａ５判・216頁・上製カバー掛け
定価　本体　3,700円（税別）

本書は，大規模化，国際化，多角化，情報化などで変貌する現代企業の最新の実態と動向を把握し，その経済活動が提起する重要な問題点を析出して化学的に解明した書である。

● 好評発売中

経 営 学
後藤 幸男 編著
鳥邊 晉司

A5判 320頁

2,940円
(2,800円)

経営学の基礎的な部分をできるだけ平易に記述して現実の企業の行動原理を解明し、企業経営の諸領域の体系化と専門分野別に掘り下げて実務にも役立つ手助けとなるテキストの決定版。
ISBN4-419-03678-8 C1034

現 代 経 営 学 〔3訂版〕
菊池 敏夫 著

A5判 224頁

2,650円
(2,524円)

経営をめぐる経済環境の解明にユニークな分析をみせ、現代的な課題である企業集中の現象にメスをふるい、その効果と限界など、実践的な問題をとらえて経営学のあり方を示唆した啓蒙書
ISBN4-419-02108-X C1034

基 礎 の 経 営 学
江口 傳 著

A5判 168頁

2,730円
(2,600円)

本書は、経営学の最新の研究と企業経営のダイナミックな変化を視野に入れ、図表を豊富に織り込み、生産管理論、労務管理論、マーケティング管理論、財務管理論等を平易に解説する。
ISBN4-419-03809-8 C1034

労使関係の経営学
—日米欧労使関係の歴史と現状—
海道 進 編著
森川 譯雄

A5判 264頁

3,570円
(3,400円)

本書は、先進資本主義諸国（日本、アメリカ等）の労使関係の諸問題を経営学的視点から制度・構造・管理・労働組合などとの関わりから歴史的にかつ多面的に検討・解明されたものである
ISBN4-419-03225-1 C1034

比 較 経 営 学
—アジア・ヨーロッパ・アメリカの企業と経営—
高橋 俊夫 監修
井藤 正信 編著
佐々木 聡

A5判 244頁

3,360円
(3,200円)

本書は、日本・中国・ヨーロッパ、アメリカの経済と企業経営の発展と現実を地理的、歴史的情報を基礎に世界経済の概要と主要企業の経営システムの新しい動向と、近未来を展望する。
ISBN4-419-03927-2 C1034

● 好評発売中

企業経営原理

海道　進著

A5判
128頁

1,995円
(1,900円)

経営学原理論の二つの類型，個別資本の五つの運動形態，企業経営の基本原理，利潤原理，テイラーの科学的管理の法則，高賃金と低労務費の二大原理などの基本的特徴と具体的内容を分析
ＩＳＢＮ４－419－02717－7　C1034

企業経営学の基礎

阪野　峯彦　平井　東幸
猪平　進　海野　博共著
籠　幾緒

A5判
240頁

2,835円
(2,700円)

本書は，経営学を専門的に学習しようとする学生や社会人が，事前に持ち合わせていてもらいたい基本的な企業経営の理論をやさしく提供し，経営学の学習が効果的かつ楽しく学べる書。
ＩＳＢＮ４－419－03937－X　C1034

現代の企業システム
―経営と労働―

奥林　康司編著

A5判
272頁

2,940円
(2,800円)

現代企業システムのダイナミズムを分析し，その発展方向を展望した書。初学者には現代企業の動向を知るための入門書として役立ち，専門家には既存の知識を再整理する手掛かりを提供。
ＩＳＢＮ４－419－03405－X　C1034

科学的管理の展開
―テイラーの精神革命論―

ダニエル・ネルスン編著
アメリカ労務管理史研究会訳

A5判
344頁

4,384円
(4,175円)

F・W・テイラーによって展開された科学的管理の諸原理や諸技法が，1915年の彼の他界後，どのように影響したのか，科学的管理運動に関する第一線の研究者達が執筆。
ＩＳＢＮ４－419－02075－X　C1034

人事管理の戦略的再構築
―日本企業の再生に向けて―

藤本　雅彦著

A5判
176頁

2,310円
(2,200円)

本書は，従業員を〔コア人材〕〔ノン・コア人材〕〔テンポラリー人材〕の三つにカテゴラリー化して人事管理を機能面から考察し，日本企業のグローバルな競争力の強化と再生への途を示唆
ＩＳＢＮ４－419－03318－5　C2034